JN118143

統計数理研究所 統計思考院 特命教授

池森 俊文 *Toshifumi Ikemori*

東京大学大学院・経済学研究科講義資料

新版

銀行経営のための数理的枠組み

金融リスクの制御

PROGRES
プログレス

はじめに

.

　本書は，銀行の財務構造が満たすべき要件と，それを実現するための金融リスク制御手法を体系的にまとめたもので，その内容は筆者が国立大学法人一橋大学大学院の商学研究科で 2013 年から 2017 年の間に研究者養成コース「金融リスク制御」として実施した講義に加筆をして再編集したものである。

　また，2019 年からは東京大学大学院経済学研究科で「金融機関のリスク管理」として講義を行っている。

　その中で展開する具体的な手法やアイデアは，筆者が日本興業銀行，みずほホールディングス，みずほ第一フィナンシャル・テクノロジーに在籍した時代に開発に取り組んだ銀行経営のための数理的方法を基礎としている。

　本書で想定する読者は，銀行の経営者・企画担当者・実務担当者で数理手法に明るい人，および数理手法の銀行業務への応用を志す研究者・学生などである。前者は数理手法の厳密な組み立てができず，後者は銀行業務の詳細が分からないことが多い。本書が彼らの業務・研究の一助となれば幸いである。

　　＊＊＊＊＊

　金融業務は取引内容を数値で正確に記述することが不可欠であり，元来金融は数理的手法に馴染む分野であるが，長い間，それに使用された数理は四則演算を中心とした簡単なものにとどまっていた。しかし，そのような状況を大きく変えたのが「不確実性の時代」の到来であった。

　米国を中心に構築された第二次世界大戦後の世界の経済体制は，1970 年代に入ってその綻びが出始めた。1971 年のニクソンショック（米ドルの金交換停

止と外国為替の変動相場制への移行），1973 年の第一次オイルショック（OPEC 諸国の生産制限による原油価格の急騰）とそれに伴う世界的なインフレ昂進，先進諸国が景気対策として実施した財政出動とそのための国債の大量発行，発行された国債の流通市場の形成，そのような自由金利の市場による金利の乱高下などが起こって，世界中の金融・経済の環境が目まぐるしく変化する「不確実性の時代」へと移行していったのである。

　そのような時代に，銀行に対する従来の「規制・保護」の金融行政に不都合が生じるようになり，1980 年代に始まったいわゆる「金融自由化」によって，金融行政は「規制・保護」から「各金融機関による自己責任経営」へと転換が図られた。銀行は自らの経営の仕組みを自分で考えなければならない時代になったのである（「そのようなことは当たり前」と言われれば「その通り」であるが……）。

　金融自由化は，金融リスク管理の観点から見ると，「外側から掛けられていた安全装置」が外されて，「内側から自主的なリスク管理の仕組みを構築せよ」という要請であった。

　本書のテーマは，「銀行の自主的なリスク管理体制を如何に構築するか」について，数理的な基礎を構成するものである。

　そのための重要な道具となったのが，確率解析を基礎とした金融理論であった。この高度な数理手法による金融理論は，その頃に併行して進行していた電算機・通信技術の発達にも支えられて，「不確実性の時代に対処するための金融手法」として，それまで四則演算中心であった金融実務の世界に急速に波及して行った。そのような状況は，「金融技術革新（Financial Technology Revolution）」と呼ばれた。

　具体的には，不確実な金融市場における投資理論（ポートフォリオ理論），不確実性に起因する金融リスクを回避する，あるいはリスク見合いに収益性を高めるような新商品開発（デリバティブや証券化商品など）とその価格計算につい

ての理論，金融機関の経営管理のための理論(収益性管理やリスク管理)などである。

この「金融技術革新(金融の数理化)」によって，金融取引や金融機関経営・金融システム等についての議論や分析が，言葉による感覚的なものから数理による構造的・本質的なものへと変化して行ったのである。

本書で取り上げたのは，前述のとおり，「銀行の経営管理のための理論(収益性管理やリスク管理)」の具体化である。自然の光をプリズムに通して異なる波長の単色光のスペクトルに分光するように，銀行全体の複雑な損益プロセスを内部資金システムによっていくつかのわかりやすい業務部門別損益プロセスに分解して，それぞれに収益性制御とリスク量制御を掛けることによって銀行全体の収益性と安全性を確保しようというアイデアを展開している。損益プロセスという確率過程を制御するという発想である。

このような方法を金融リスク管理に具体的に適用した文献はこれまでに見たことがないので，これは独創性のある理論構成ではないかと自負している。

「金融技術革新」による金融の多様化・複雑化・技術化は，米国の経済成長を支え，日本においても国家の経済発展策の一つとして取り上げられて，「金融高度化」「金融立国」とまで言われて持てはやされるに至った。

ところが，2007年に顕現化した米国のサブプライム・ローン問題と，引き続く2008年のリーマンショック，そして世界経済の急激な減速によって，このような金融の展開に見直しを迫られることになった。直前までは強く支持されていた「金融の数理化」についても，以下のような指摘がなされた。

・取引当事者がその内容を理解できないまでに金融商品を複雑化させた。
・金融機能を分解(Unbundling)することによって，金融取引に関する当事者の責任を不明確にした。
・数理モデルを単純化しすぎて金融取引の実態を十分表現していない。

・統合リスク管理と言いながら，数理モデル化可能なリスクのみを高度に計量し，その他のモデル化が難しいリスクが適切に認識されなかった。

これらの指摘によって，銀行はそれまでの金融・投資商品の開発や金融リスク管理などの経営の方向性について，大きく変更することを余儀なくされることになった。

また，金融危機の発生を契機に，これまでの「金融自由化」の流れは再度「規制の強化」へと大きく舵を切られることになった。

金融自由化による「自主的なリスク管理体制」の構築と併行して，グローバルな活動を展開するようになった世界の主要銀行に対して，国際的な金融システムを保全することを目的として，1993 年から「世界共通かつ最低限の金融リスク規制（自己資本比率規制）」が導入されていたが（いわゆるバーゼル規制である），金融危機の発生を契機に，そのような規制の強化が図られて（バーゼルⅡ.5，バーゼルⅢ等），銀行はそれらに対応するための技術的・組織的な体制の整備を求められている。

一方で，伝統的な銀行業は新しい経営環境への対応を迫られている。高度 IT・ネット社会の到来によって新しい情報手段（インターネット，電子メール，SNS など）が普及し，小売業を始めとする他産業の多くがそれに合わせて業務形態をシフトさせてきている。

また，銀行の顧客もその取引形態や行動様式を変化させつつあり，銀行はそのような状況への早急な対応が必要になっている。

そのような状況変化に対して，本書のテーマである「銀行の自主的なリスク管理」も然るべき軌道修正が必要となった。本書（および一橋大学大学院の講義）の中でも，そのような対応を考える上でのヒントとなるようないくつかの問題提起を行っている。

＊＊＊＊＊

　本書の内容の多くの部分は，筆者の日本興業銀行，みずほホールディングス，みずほ第一フィナンシャル・テクノロジー時代の先輩・同僚からの指導や助言を受けて出来上がったものである。この場を借りて謝意を表したい。

　特に，情熱を持ってこの分野を推進されたみずほ第一フィナンシャル・テクノロジーの初代社長の故大野克人氏，日本興業銀行からみずほコーポレート銀行において市場部門を強力に牽引された中島敬雄氏，常に新鮮な視点から数々の助言を頂いた当時のみずほ第一フィナンシャル・テクノロジー顧問で一橋大学名誉教授の刈屋武昭氏，日本興業銀行からみずほフィナンシャルグループにかけて一貫して銀行の経営管理体制の構築に心血を注がれた当時の企画担当役員（現みずほ総合研究所社長）の高橋秀行氏にはあらためて謝意を表したい。

　もちろん，本書に存在し得る過誤や思い違い等は，すべて筆者自身の責任に帰するものであることは言うまでもない。

　2021 年 6 月 10 日

池 森 俊 文

目　次

第2章　貸出部門の管理 ……………………………………39

第 4 章　トレーディング部門の管理 ·················· 113

<table>
<tr><td>第1章</td><td># 全体構想</td></tr>
</table>

1.1 銀行経営への要請と業務構造の設計

1.1.1 金融リスク管理の枠組み

銀行は，その業務の公共性から，経営破綻しないことを強く要請されている。一般企業も同じであるが，経営破綻は，財務的には「収益性破綻（債務超過）」または「資金繰り破綻（支払い不能）」として現出する。したがって，この二つの破綻可能性を「収益性リスク」および「流動性リスク」として管理していかなければならない。

＜収益性管理の設計＞

また，株式会社である銀行は，株主から一定水準の利益を上げることを期待されている。株主資本に対するこの期待される利益率を資本コスト率(cost of capital)と呼ぶ。

一方で，外部債権者（預金者など）は，銀行に投資した資金が一定の安全度を以って保全されることを期待している。この安全度のことをリスク管理の信頼度(confidence limit)と呼ぶ。

金融工学では，銀行が各期(t)に上げる損益(P_t)を**確率変数**(注1)と考え，期初の株主資本(W_{t-1})に対して，以下の条件を満たすように業務構造の設計を行う。

■ 損益の期待値が，株主資本に対して資本コスト率(ρ)以上であるように

$$E[P_t] \geq \rho \cdot W_{t-1} \tag{1}$$

■ 一定の信頼度(α)による最大損失額$(\Phi_\alpha[-P_t])$が株主資本で処理できるように

$$\Phi_\alpha[-P_t] \leq W_{t-1} \tag{2}$$

＜流動性管理の設計＞

企業の株式や社債による資金調達ニーズを，その都度投資家につないで完結させる直接金融に対して，銀行等が行う間接金融は，取引先の融資申込みや預金者の預入れ・払出し等の要請を随時に受け付け，金融取引の一方の当事者として随時に cash flow（cash inflow および cash outflow）を発生させなければならない。

金融取引は契約によって cash flow 発生の時点と金額（またはその可能性）が明確に規定されている（利払い・満期返済など）が，様々な事情によって cash flow が約定された時点から変化する場合や偶発的に発生する場合もある。そのような例としては，以下のようなものがある。

・期限前償還による cash flow の前倒し

・デフォルトによる cash inflow の後ろ倒しや消滅

・コミットメント契約や保証の実行による cash outflow の発生

・コア預金効果による預金の滞留など

(注1)　X が<u>確率変数</u>であるとは，数学的にはきちんとした定義が必要であるが，直観的には，
　① X はいろいろな値をとり得る変数で，
　② 各値がどのくらいの確率で発生するかという情報（発生確率）がわかっているもののことを言う。
　　X が確率変数ならば，その期待値$(E[X])$や，期待値の周りの分散$(V[X])$，標準偏差$(\sigma[X])$，分布のα％点$(\Phi_\alpha[X])$などを計算することができる。

　金融工学では，各時点(t)で発生する cash flow が確率変数であると考え，一定の信頼度(α)の下で発生し得る net cash outflow(NC_t = cash outflow － cash inflow)の分布のα％点($\Phi_\alpha[NC_t]$)が，常に支払能力の範囲内であるように業務設計を行う。

　支払いに対処するための原資としては，①現預金有高，②流動資産の市場売却による現金化，③他行や中央銀行からの追加借入れなどがある。これらを合計した「時点 t における<u>支払能力</u>」をK_tとすると，信頼度 α の下で常に以下の条件を満たすことが必要である。

$$\Phi_\alpha[NC_t] < K_t \tag{3}$$

1.1.2　ストレス・テスト

　2008 年の金融危機が発生する前には，欧米の先進金融機関は自主的な金融リスク管理を進め，またバーゼル合意に基づく自己資本比率規制も再編・高度化されて（バーゼルⅡ），「金融リスク管理高度化の時代」と呼ばれていた。

　しかし，2007 年に米国のサブプライムローン問題が顕現化し，2008 年にリーマンショックが起こると，そのような先進金融機関による金融リスク管理に対して，疑問や批判が投げかけられる事態となった。

　このようなことになった一つの理由は，金融リスク規制から外れていた流動性リスクや，金融リスク規制では実態よりも低く認識されていた収益性リスク（証券化商品など）などについて，先進金融機関が自主的な金融リスク管理で補完したり修正することなく，そのまま金融リスク規制に従って業務を推進したことであった。

　これらの金融リスクは，自主的な金融リスク管理でしっかりと補完・修正されていれば業務にチェックが掛けられたのであるが，敢えてそのようなことは行われなかったのである。<u>規制アービトラージ</u>と呼ばれた現象である。金融機関の経営者や業務遂行の責任者のモラルが問われた問題でもあった。

　もう一つの理由は，N.N. タレブが「ブラック・スワン」と呼んだ未知事象な

どが，金融リスク管理の中で捉えられていなかったことであった。銀行の金融リスク管理では，モデル化できて上記で述べたように確率変数として綺麗に定式化できるリスクのみを金融リスク管理の中に取り込んで，完結した整合的な管理体系を作り上げたものの，未知事象やモデル化が難しい事象がリスク管理の対象から外れていたのである。

　このようなリスク管理体系の不備をカバーするのが「ストレス・テスト」である。通常のリスク管理体系では十分に対応できていないが，将来に発生する可能性がある危機的な状況を想定し（ストレス・シナリオ），それが発生した場合に起こりうるダメージ（損失の発生や資金繰りの悪化）をシミュレーションして，それに対処をする施策（アクション・プラン）を予め議論しておくのが「ストレス・テスト」である。

　このようなリスクの捕捉は，もともと難しい作業であるが，2008 年の金融危機の後では，できる限り合理的・定量的に把握しようとする理論面での試み（注2）がなされている。

　また，ストレス状況の下で銀行が経営破綻に瀕した際の対応策を，予め監督当局や中央銀行と議論して，一つの銀行の経営破綻による金融システム全体への悪影響を最小限に抑えようとする措置が「リカバリー＆リゾリューション計画（Recovery and Resolution Plan）」の立案である。

（注2）　未知事象や計量化の難しい事象の相互関係を，原因を表すノード（親事象）から帰結を表すノード（子事象）への有向グラフとして表現し，親事象が発生した場合に子事象が発生する条件付き確率を一定範囲の領域として付与して分析する PGM（Probabilistic Graphical Models）などが検討されている。

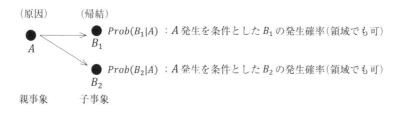

（原因）　　（帰結）

A

B_1　$Prob(B_1|A)$ ：A 発生を条件とした B_1 の発生確率（領域でも可）

B_2　$Prob(B_2|A)$ ：A 発生を条件とした B_2 の発生確率（領域でも可）

親事象　　子事象

1.2　統合管理の構成

1.2.1　手　　順

　銀行が経営破綻する可能性をチェックするためには，銀行全体として起こりうる収益性悪化や資金繰り悪化の状況を認識する必要がある。そのためには，まず銀行が行っている個々の金融取引や金融サービスについて，将来にわたって発生する cash flow や収益性・その変動可能性等を分析し，さらにそれを銀行全体で合計して分析・管理する必要がある。これを**統合管理**という。

　銀行の統合管理は，以下の手順に従って行う。

(1)　銀行が行う個々の金融取引や金融サービスを **cash flow** として把握する。

　　銀行の経営管理では，個々の金融取引の cash flow 把握が出発点となる。cash flow 把握によって，金融取引の正確で計量的な記述が可能になる。

　　この金融取引の cash flow 情報を基礎に，＜収益性管理＞と＜流動性管理＞を組み立てていく。

＜収益性管理＞

(2)　個々の取引の時点 t における**評価額**を計算する。

(3)　個々の取引の時点 t から時点 $t+dt$ までの**評価額の変化**を計算する。

　　評価額の決定要因（リスク因子）の微小変動について形式的に展開し，決定要因の微小変化を記述する確率変動モデルを構成して代入する。

(4)　個々の取引の**評価額**の**変化**を銀行全体で**合算**する。

(5)　(4) の期間中（$t \in [0,1]$）の累計額に，実現利息や手数料収入・経費支出等を加算減算して期間損益（$P(0,1)$）とし，前述した，

　　　・収益性確保のための条件　$E[P(0,1)] \geq \rho \cdot W_0$　　　　　　　　　(1)

　　　・リスク制約のための条件　$\Phi_\alpha[-P(0,1)] \leq W_0$　　　　　　　　　(2)

についてチェックする。

<流動性管理>

(2) 個々の取引について取引開始から時点 t までの**実現 cash flow 累計額**を計算する。

(3) 時点 t から時点 $t+dt$ までの**実現 cash flow 累計額の変化**を計算する。

　　実現 cash flow 累計額の決定要因の微小変動について形式的に展開し，決定要因の微小変化を記述する確率変動モデルを構成して代入する。

(4) 個々の取引の**実現 cash flow 累計額の変化**を銀行全体で**合算**する。

(5) (4)で計算される net cash outflow (NC_t) について，

　　・支払能力確保のための条件　$\Phi_\alpha[NC_t] < K_t$　　　　　　　　　(3)

の充足状況をチェックする。

1.2.2 収益性管理

本書では，そのうちの<収益性管理>の構築をテーマとする(注3)。

以下では，<収益性管理>を構築する各ステップについてさらに具体的に見ていくことにする。

(1)　個々の金融取引や金融サービスを cash flow として把握する。

$$A^i = \left(a^i_{f,s}\right)_{s \in T(A^i)} \in M\left(F, \#T(A^i), R\right) \text{(注4)} : \text{金融取引 } i \qquad (4)$$

$a^i_{f,s}$：金融取引 i から，通貨 f で発生する，時点 $s \in T(A^i)$ の cash flow

但し，$f \in \{1, \cdots, F\}$：通貨種類　（$f=1$ は円貨(home currency)とする）

$T(A^i)$：A^i の cash flow 発生時点の集合(注5)

(2)　時点 t における評価額を計算する。

数理ファイナンスの基本定理により，時点 t における金融取引の円建評価額 $(V_t(A^i))$ は以下のように計算される(但し，$T(A^i)$ のうち $s > t$ について計算する)。

$$V_t(A^i) = \sum_{f=1}^{F} e_f(t) \cdot \left[\sum_{s \in T(A^i)} D_f(t:s) \cdot E_t^Q \left[a_{f,s}^i \mid x(t) \right] \right] \tag{5}$$

但し，$e_f(t)$：時点 t における通貨 f の対円為替レート

$\quad\quad D_f(t:s)$：通貨 f の時点 t における，$s > t$ からの割引関数

$\quad\quad x(s)$：cash flow $a_{f,s}^i$ の決定に影響する要素

$\quad\quad E_t^Q \left[a_{f,s}^i \mid x(t) \right]$：決定要素の時点 t における実現値 $x(t)$ を条件付き

$\quad\quad\quad\quad$ とする $a_{f,s}^i$ のリスク中立（Q 測度）期待値

さらに，利金が発生する金融取引の評価額[注6]は次のように分解される。

$$V_t(A^i) = V_t^{AI}(A^i) + V_t^P(A^i) \tag{6}$$

$\quad V_t^{AI}(A^i)$：前回の利払いから時点 t までの<u>経過利子</u>（accrued interests）

$$V_t^{AI}(A^i) = \sum_{f=1}^{F} e_f(t) \cdot r_f^i(s_0) \cdot Y_f^i(s_0) \cdot (t - s_0) \tag{7}$$

$\quad s_0$：前回の利払い時点（$s_0 < t$）

$\quad Y_f^i(s_0)$：前回の元利払い後の取引 i の残高（通貨 f）

$\quad r_f^i(s_0)$：$Y_f^i(s_0)$ に適用される利率（年利）

$$V_t^P(A^i) = V_t(A^i) - V_t^{AI}(A^i)：\underline{元本評価額} \tag{8}$$

（注）　$r_f^i(s_0) \cdot Y_f^i(s_0) \cdot (t - s_0)$ は，前回の利払い時点（s_0）以降，次回の利払い時点（s_1）までの間，確実に増加する。

（注）　時点 t における元本評価額（$V_t^P(A^i)$）は，時点 t での金利水準（$D_f(t:s)$）

（注3）　流動性リスク管理については，一橋大学 MBA 向け講座「金融リスクマネジメントの理論と実務」の中で計量手法の概略を説明している。

（注4）　R（実数体）を成分とする $m \times n$ 行列全体を $M(m, n, R)$ と表記する。

（注5）　Forex や Currency Swaps などは複数の通貨で cash flow が発生する。複数の取引を同時に考える場合には，$T = \cup T(A^i)$ で考えれば十分である。

や為替レート$(e_f(t))$，cash flow $a_{f,s}^i$ の決定に影響する要素の時点 t での水準$(x_K(t))$によって計算される。そのような要素をあらためて $x(t)$ と置く。

$$V_t^P(A^i) = V_t^P(A^i : t, x(t)), \quad x(t) = (x_1(t), \cdots, x_K(t))$$

（3） 時点 t から時点 $t+dt$ までの評価額の変化を計算する。

A. 評価額変動の形式的な展開

$dV_t^{AI}(A^i)$ は時間経過と為替レート，$dV_t^P(A^i)$ は時間経過と $x(t)$ が変動要因である。

$$dV_t(A^i) = dV_t^{AI}(A^i) + dV_t^P(A^i)$$

$$dV_t^{AI}(A^i) = \sum_{f=1}^{F} e_f(t) \cdot r_f^i(s_0) \cdot Y_f^i(s_0) \cdot dt$$

$$+ \sum_{f=1}^{F} de_f(t) \cdot r_f^i(s_0) \cdot Y_f^i(s_0) \cdot (t - s_0) \tag{9}$$

$$dV_t^P(A^i) = dV_t^P(A^i : t, x(t)) \text{（ここでは為替レートは } x(t) \text{ に含める）}$$

$$= \frac{\partial V_t^P(A^i)}{\partial t} dt + \sum_{k=1}^{K} \frac{\partial V_t^P(A^i)}{\partial x_k} dx_k + \frac{1}{2} \sum_{j,k=1}^{K} \frac{\partial^2 V_t^P(A^i)}{\partial x_j \partial x_k} dx_j dx_k \tag{10}$$

(注6)　貸出や預金，債券などの「利金が発生する金融取引」の評価額をそのまま計算すると，下図のようになる。次回利払いの cash flow（利金）の評価額が増加していき，利払時にそれが落ちるからである。その認識のために，$V_t^{AI}(A^i)$, $V_t^P(A^i)$ に分解する。

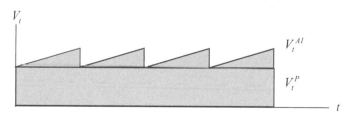

$$= \theta^i \cdot dt + \sum_{k=1}^{K} \Delta_k^i \cdot dx_k + \frac{1}{2} \sum_{j,k=1}^{K} \Gamma_{j,k}^i \cdot dx_j dx_k \text{ (注7)} \tag{11}$$

（注）　銀行が行う金融取引はバンキング取引とトレーディング取引に分かれる。

　　　・バンキング取引は，貸出や預金のように銀行が満期まで保有して，その間の利鞘（＝受取利息－支払利息）を収益源とするものである。時間経過による財務会計上の損益認識は「実現損益（$dV_t^{AI}(A^i)$）」のみを考えることが多い。一方，管理会計では「評価損益（$dV_t^{P}(A^i)$）」も含めて考えることが多い。

　　　・トレーディング取引は，金融取引（債券や外貨）を金融市場で短期に売買して得られる売買損益を収益源とするもので，時間経過による損益の認識は「実現損益＋評価損益」で行う（$dV_t^{AI}(A^i) + dV_t^{P}(A^i)$）。

B. 信用リスクの考慮

　ここまでの議論では，将来の cash flow は確実に発生するものとしてきたが，与信取引では相手先が支払不能となって cash inflow の一部が消滅をしたり回収が遅延したりする可能性がある（すなわち，「デフォルト発生」である）。

　取引先 i のそのような状態を変数 $H_i(t)$ によって次のように表すことにする。

$$H_i(t) = \begin{cases} 1 & \text{時点 } t \text{ で支払不能} \\ 0 & \text{時点 } t \text{ で支払可能} \end{cases}$$

デフォルト可能性を考慮した評価額は次のようになる。

（注7）　評価額の変動性を表す偏微分は，デリバティブの感応度に準拠してシータ，デルタ，ガンマなどと呼ぶことにする。

$$\theta^i = \frac{\partial V_t^{P}(A^i)}{\partial t} \qquad \Delta_k^i = \frac{\partial V_t^{P}(A^i)}{\partial x_k} \qquad \Gamma_{j,k}^i = \frac{\partial^2 V_t^{P}(A^i)}{\partial x_j \partial x_k}$$

$$V_t^*\left(A^i\right) = V_t\left(A^i\right) \cdot \left(1 - H_i(t)\right) + \omega^i \cdot V_t\left(A^i\right) \cdot H_i(t) \tag{12}$$

ω^i：デフォルト時に担保の処分や保証の実行で回収できる比率（回収率）

したがって，$H_i(t) = 0$（時点 t では支払可能の状態）の条件付きで，時点 t から時点 $t + dt$ までの評価額の変化は次のように計算される。

$$dV_t^*\left(A^i\right) = dV_t\left(A^i\right) - \left(1 - \omega^i\right) \cdot V_t\left(A^i\right) \cdot dH_i(t) \tag{13}$$

$$= dV_t^{AI}\left(A^i\right) + dV_t^{P}\left(A^i\right) - \left(1 - \omega^i\right) \cdot V_t\left(A^i\right) \cdot dH_i(t)$$

$$= dV_t^{AI}\left(A^i\right) + \theta^i \cdot dt + \sum_{k=1}^{K} \Delta_k^i \cdot dx_k + \frac{1}{2} \sum_{k,l=1}^{K} \Gamma_{k,l}^i \cdot dx_k dx_l$$

$$- \left(1 - \omega^i\right) \cdot V_t\left(A^i\right) \cdot dH_i(t) \tag{14}$$

（注）　$dV_t\left(A^i\right)$ は，金利や為替レートやその他の金融市場の変化が変動要因となり，これを「市場リスク」と呼ぶ（注8）。

（注）　$-\left(1 - \omega^i\right) \cdot V_t\left(A^i\right) \cdot dH_i(t)$ は，取引先 i の支払能力の変化による価格変動要因で，これを「信用リスク」と呼ぶ（注9）。

C.　確率過程による表現

ここまでは，市場リスク要因と信用リスク要因の変動が金融商品評価額の変動に与える影響について形式的に展開した。

以下では，市場リスク要因の変化（$dx_k(t)$（$k = 1, \cdots, K$））と，信用リスク要因の変化（$dH_i(t)$）を，時間とともに確率的に変動する「**確率過程**」（注10）としてモデル化する。

・市場変動（$dx_k(t)$（$k = 1, \cdots, K$））については，「**伊藤過程**」を用いて次のように

（注8）　$dx_k(t)$ は，各金融取引に共通に影響するため「共通因子」と呼ばれる。

（注9）　$dH_i(t)$ は，取引先 i 毎の個別事情で変化するため「個別因子」と呼ばれる。

モデル化を行うことにする（I_t は $x(t)$ の実現による時点 t までの情報の集合とする）。

$$dx_k(t) = \mu_k(t,x) \cdot dt + \sigma_k(t,x) \cdot dZ_k(t) \quad (k=1,\cdots,K) \tag{15}$$

$dZ_k(t) \sim N(0,dt)$：標準ブラウン運動

$\mu_k(t,x), \sigma_k(t,x)$：$I_t$ – 適合的（adapted）

$$P\left(\int_0^t |\mu_k(s,x_s)| ds < \infty\right) = 1, \quad P\left(\int_0^t \sigma_k(s,x_s) ds < \infty\right) = 1$$

$$Cov[dZ_k, dZ_l] = \rho_{k,l} dt$$

・信用状態変動（$dH_i(t)$）については，時点 t で支払可能（$H_i(t)=0$）という条件付きで，$H_i(t+dt)=0$ または $H_i(t+dt)=1$ となる確率が以下のように付与される「**2項過程**」としてモデル化を行うことにする。

$$\left.\begin{array}{l} \Pr\{H_i(t+dt)=1 | H_i(t)=0\} = \lambda_{R(i)} dt \\[2mm] \Pr\{H_i(t+dt)=0 | H_i(t)=0\} = 1 - \lambda_{R(i)} dt \end{array}\right\} \tag{16}$$

$R(i)$ は取引先 i の格付，$\lambda_{R(i)} dt$ は格付 $R(i)$ のデフォルト確率である。

（注）　一旦 $H_i(t)=1$ となれば，元に戻ること（$H_i(t+dt)=0$）はない。

（注）　$dZ_k(t)$（したがって $dx_k(t)$）の相互関係は，$Cov[dZ_k, dZ_l] = \rho_{k,l} dt$ によって定まるとする。$dx_k(t)$ と $dH_i(t)$ の関係や $dH_i(t)$ 相互の関係については，別途に考える必要がある。

　確率モデルによって記述した変動を(14)式に代入すると(17)式，(18)式が得られる。

（注10）　確率過程とは，直観的には「時間とともに変化する確率変数」のことである。離散時間で定義される場合と連続時間で定義される場合がある。数学的に正確な定義を調べて，その意味するところを考えてみよう。

$$dV_t^*\left(A^i\right) = dV_t^{AI}\left(A^i\right) + \theta^i \cdot dt + \sum_{k=1}^{K} \Delta_k^i \cdot dx_k + \frac{1}{2}\sum_{k,l=1}^{K} \Gamma_{k,l}^i \cdot dx_k dx_l$$

$$- \left(1-\omega^i\right) \cdot V_t\left(A^i\right) \cdot dH_i(t) \tag{14}$$

$$= dV_t^{AI}\left(A^i\right) + \theta^i dt + \sum_{k=1}^{K} \Delta_k^i \left(\mu_k dt + \sigma_k dZ_k\right) + \frac{1}{2}\sum_{k,l=1}^{K} \Gamma_{k,l}^i \rho_{k,l}\sigma_k\sigma_l \cdot dt$$

$$- \left(1-\omega^i\right) \cdot V_t\left(A^i\right) \cdot dH_i(t) \tag{17}$$

$$= \left[\sum_{f=1}^{F} e_f \cdot r_f^i \cdot Y_f^i + \theta^i + \sum_{k=1}^{K} \Delta_k^i \mu_k + \frac{1}{2}\sum_{k,l=1}^{K} \Gamma_{k,l}^i \rho_{k,l}\sigma_k\sigma_l\right] \cdot dt$$

$$+ \sum_{f=1}^{F} AI_f^i(t) \cdot de_f + \sum_{k=1}^{K} \Delta_k^i \sigma_k \cdot dZ_k - \left(1-\omega^i\right) \cdot V_t\left(A^i\right) \cdot dH_i(t) \tag{18}$$

⑷　$dV_t^*\left(A^i\right)$ を銀行全体で合算する。

　銀行が収益性悪化によって経営破綻する可能性をチェックするために，銀行が行う個々の取引について分析した以上の結果を銀行全体として合算して分析する必要がある。それが「統合管理」の最終ステップである。

・期中（$t \in [0,1]$）の銀行のバランスシートを次のように仮定する。

$$A(t) = \sum_{i=1}^{n} V_t^*\left(A^i\right) = \sum_{i=1}^{n_0} V_t^*\left(A^i\right) + \sum_{i=n_0+1}^{n_0+n_1} V_t^*\left(A^i\right) \tag{19}$$

$$L(t) = \sum_{j=1}^{m} V_t\left(L^j\right) = \sum_{j=1}^{m_0} V_t\left(L^j\right) + \sum_{j=m_0+1}^{m_0+m_1} V_t\left(L^j\right) \tag{20}$$

$$W(t) = A(t) - L(t) : 財産額 \quad (W(0) = 初期財産額) \tag{21}$$

（注）　負債側の個々の取引（預金など）を L^j で表示することにする。

（注）　期初（$t=0$）に存在する取引（既存取引）は全体の一部である。やがてそれらの取引は，契約に従って部分償還や満期償還を迎える。

$$(i=1,\cdots,n_0, \quad j=1,\cdots,m_0)$$

そこに新規取引が加わる。

$$(i=n_0+1,\cdots,n_0+n_1, \quad j=m_0+1,\cdots,m_0+m_1)$$

これらの取引は，期初に銀行が作成する経営戦略に基づいて「**新規取引シナリオ**」として設定し，適用する金利や為替レート等は同じく期初に銀行が行う金融市場予測に基づいて「**市場シナリオ**」として設定する。

(注)　市場シナリオは，市場変動のモデル化 $dx_k(t) = \mu_k(t,x) \cdot dt + \sigma_k(t,x) \cdot dZ_k(t)$ では $\mu_k(t,x) \cdot dt$ (トレンド項) に相当する。

・銀行全体の財産額 $(W(t))$ の変化 $dW(t)$ を計算する。

財産額は，以上で議論した資産・負債から生じる経過利子(実現損益)や評価損益のほか $(dA(t) - dL(t)$ の構成内容)，手数料収入の累計額の増加 $(dF(t))$ や経費支出の累計額の増加 $(dC(t))$ によって変化する。

$$dA(t) = \sum_{i=1}^{n} dV_t^*(A^i), \quad dL(t) = \sum_{j=1}^{m} dV_t(L^j) \tag{22}$$

$$dW(t) = dA(t) - dL(t) + dF(t) - dC(t) \tag{23}$$

(注)　$dF(t)$ や $dC(t)$ による財産額の変動は，一旦は現金預け金勘定の増減となり，やがてその他の資産・負債勘定に振り替わっていく。

・財産額の変化 $dW(t)$ を(3)までの結果を用いて表示すると以下のようになる。

$$dW(t) = \sum_{i=1}^{n} \left(\sum_{f=1}^{F} e_f \cdot r_f^i \cdot Y_f^i + \theta^i + \frac{1}{2} \sum_{k=1}^{K} \Delta_k^i \mu_k + \frac{1}{2} \sum_{k,l=1}^{K} \Gamma_{k,l}^i \rho_{k,l} \sigma_k \sigma_l \right) \cdot dt$$

$$+ \sum_{i=1}^{n} \left(\sum_{f=1}^{F} AI_f^i(t) \cdot de_f \right) + \sum_{i=1}^{n} \left(\sum_{k=1}^{K} \Delta_k^i \sigma_k \cdot dZ_k \right) - \sum_{i=1}^{n} \left((1 - \omega^i) \cdot V_t(A^i) \cdot dH_i(t) \right)$$

$$(dA(t) \text{ の表示})$$

$$- \sum_{j=1}^{m} \left(\sum_{f=1}^{F} e_f \cdot r_f^j \cdot Y_f^j + \theta^j + \frac{1}{2} \sum_{k=1}^{K} \Delta_k^j \mu_k + \frac{1}{2} \sum_{k,l=1}^{K} \Gamma_{k,l}^j \rho_{k,l} \sigma_k \sigma_l \right) \cdot dt$$

$$- \sum_{j=1}^{m} \left(\sum_{f=1}^{F} AI_f^j(t) \cdot de_f \right) - \sum_{j=1}^{m} \left(\sum_{k=1}^{K} \Delta_k^j \sigma_k \cdot dZ_k \right)$$

$$(dL(t) \text{ の表示})\text{(注11)}$$

$$+ dF(t) - dC(t) \tag{24}$$

1.2.3 流動性管理(参考)

同様に金融取引から実現する cash flow 累計額について，以下のような手順で銀行全体の資金過不足発生の可能性をチェックする仕組みを構築する。

(1) 金融取引や金融サービスを **cash flow として把握する**(収益性管理と同様)。

以下は，cash flow の<u>通貨毎に計算</u>して管理する。

(2) 時点 t までの**実現 cash flow 累計額**を計算する。

$$C_{f,t}\left(A^i\right) = \sum_{s \leq t} a_{f,s}^i \tag{25}$$

(3) 時点 t から時点 $t+dt$ までの**実現 cash flow 累計額の変化**を計算する。

$$dC_{f,t}\left(A^i\right) = C_{f,t+dt}\left(A^i\right) - C_{f,t}\left(A^i\right)$$
$$= \sum_{t < s \leq t+dt} a_{f,s}^i \tag{26}$$

(4) $dC_{f,t}\left(A^i\right)$ を**銀行全体の取引について合算する**。

$$dCF_{f,t} = \sum_{i=1}^{m}\sum_{s \leq t} a_{f,s}^i - \sum_{j=1}^{n}\sum_{s \leq t} l_{f,s}^j + dF - dC \tag{27}$$

これ以降，本書では<収益性リスク>のみをテーマにすることにする。

<流動性リスク>については，一橋大学 MBA コース「金融リスクマネジメントの理論と実務」において，その概要を説明している。

1.3 業務部門別管理の構成

銀行の経営破綻の可能性を最終チェックするには，以上で概説した「統合管

(注11) 負債側の取引には信用リスク($dH_i\left(t\right)$)はない。

理」が必要であるが，その状況を把握した上で，期中で業務内容の軌道修正を行ったり，取引内容に制約条件を付して悪い状況が起こらないように制御するためには，銀行全体の構造を把握しようとすると余りにも複雑すぎる。

そこで銀行全体をいくつかの業務部門に分けて，その中においては考察しやすい少数の要素によって不確実性が生じるようにして，<u>収益性を確保しリスク総量を制限</u>するための方法を構成することが行われている。これを<u>**業務部門別管理**</u>と呼ぶ。

銀行全体の構造を業務部門別に分解するための方法が，<u>**内部資金システム**</u>による<u>**B／S(Balance Sheet)分解**</u>である。

1.3.1　内部資金システムによるB／S分解

内部資金システムによるB／S分解について，まず伝統的な預金・貸出業務を行う銀行の例で見てみよう。【図1】に示すように，自己資本と預金を原資として貸出を行い，支払準備のために現金預け金を保有するというB／Sを考える。

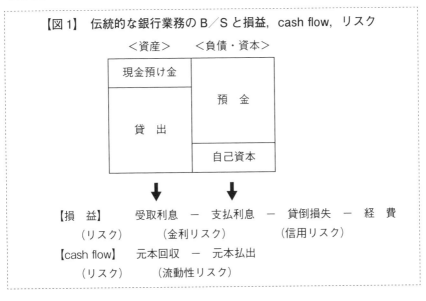

【図1】　伝統的な銀行業務のB／Sと損益，cash flow，リスク

貸出から受取利息が生じ，預金に対しては利息を支払って，その差額が利鞘と呼ばれる利益となる。しかし，貸出に貸倒が発生すると，回収できない金額が生じることになる。それを貸倒損失と呼び，この貸倒損失の発生可能性が信用リスクである。

　損益が悪い方向に変動する＜収益性リスク＞については，この信用リスクの他に，貸出利率や預金利率の変動があったときに，変動後の利率が適用される残高が，資産側と負債側とで異なっている場合には，受取利息の変化と支払利息の変化の間に乖離が起こり，その差額としての利鞘が変動することになる。これを金利リスクと呼んでいる。

　金利リスクの原因は，資産側と負債側とで固定金利取引の満期や変動金利取引の金利の更改時期のペースが異なるからである。この違いを金利更改ギャップと呼んでいる。

　また，資産側と負債側の満期（元本回収の時点）の違いは，＜流動性リスク＞の原因となる。この満期の違いを満期ギャップと呼んでいる。

　したがって，伝統的な銀行業務では，＜収益性リスク＞としての信用リスクと金利リスク，そして＜流動性リスク＞を抱えていることがわかる。これらのリスクを「貸出部門」と「ALM部門」という二つの部門に分解して，それぞれが割り当てられたリスクを独立して管理するように工夫したい。そのために内部資金システムという仕組みを用いる。

　貸出を行う部門を貸出部門とする。貸出部門は実施している貸出のそれぞれに対して，ALM部門から内部取引として「金額，満期，金利種類（固定金利／変動金利）」が一致する「内部資金」の供給を受けているものと仮定する。この内部取引の状況をB／Sで表示すると【図2】のようになる。

　まず貸出部門についてみると，貸出と内部資金が一つひとつ吻合しているために，貸出部門のB／Sには金利更改ギャップと満期ギャップがない。したがって，金利リスクと流動性リスクがなくなり，信用リスクだけが存在することになる。

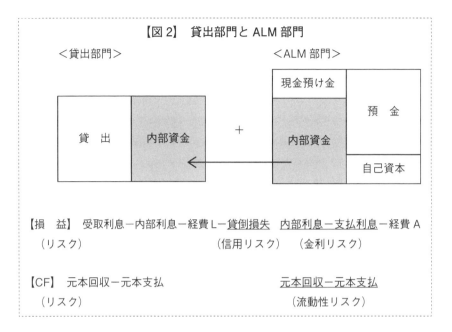

【図 2】　貸出部門と ALM 部門

＜貸出部門＞　　　　　　　　　　　＜ALM 部門＞

【損　益】　受取利息－内部利息－経費 L－貸倒損失　内部利息－支払利息－経費 A
　　（リスク）　　　　　　　　　　　（信用リスク）　（金利リスク）

【CF】　元本回収－元本支払　　　　　　　　元本回収－元本支払
　　（リスク）　　　　　　　　　　　　　　（流動性リスク）

　この内部資金取引によって貸出部門に資金提供をした ALM 部門は，貸出と
資金調達との間にもともとあった金利更改ギャップや満期ギャップをそのまま
継承することになり，その結果，金利リスクと流動性リスクは ALM 部門が一
括して抱えることになる。

　内部資金取引を相殺すると，銀行全体のもとの B／S と一致する。

　経費は管理会計によって，それぞれの部門の経費に分解する（経費 Loan，経
費 ALM）。

　貸出部門の他にも，銀行はトレーディング部門や投資部門などの業務部門を
設定して，ALM 部門から必要な内部資金の供給を受け，逆に余剰資金を
ALM 部門に提供して運用を委託するような仕組みを構築する（【図 3】参照）。

＜トレーディング部門＞

　　ロングポジション構成のための資金の提供を ALM 部門から受け，ショー
　　トポジション構成によって入金した資金の運用を ALM 部門に委託する。

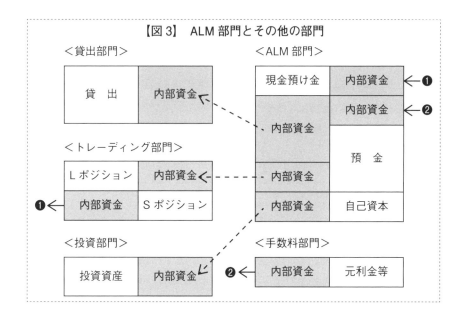

【図3】 ALM 部門とその他の部門

これらはいずれも短期資金の貸借となる。

＜投資部門＞

投資期間に合った内部資金の提供を ALM 部門から受け，投資期間が終了すると資金を ALM 部門に返済する。

＜手数料部門＞

受け入れた元利払いのための資金や手数料収入などは，一旦 ALM 部門に渡して管理する。

1.3.2 業務部門毎の損益プロセスと期間損益

この B ／ S 分解によって，銀行の業務部門毎に収益性やリスクについての議論を行うことができるようになる。

次のステップは，各業務部門 ($u \in \{Loan, Trade, ALM, etc.\}$) について，その業務特性をモデル化することによって時間経過とともに損益が積み上がっていく

状況$(dW_u(t))$を確率過程として表示することである。

$$dW_u(t) = dA_u(t) - dL_u(t) + dF_u(t) - dC_u(t) \tag{28}$$

$$u \in \{Loan, Trading, Invest, Fee, ALM, etc.\}$$

$$dA_u(t) = \sum_{i \in I_u} dV_t^*(A^i), \quad dL_u(t) = \sum_{j \in J_u} dV_t(L^j)$$

但し，I_u：部門uに属する金融取引（資産側）の集合

J_u：部門uに属する金融取引（負債側）の集合

金融取引に起因する損益は，Ｂ／Ｓ分解によって割り当てられた各業務部門の金融取引を合算することによって算定することができる。手数料は，「手数料部門」という業務部門を設定して一括計上すればよい。各業務部門で発生する経費（業務オペレーションに伴って発生する）については，銀行全体の経費を管理会計によって一定のルールで各業務部門に分配することが必要である。

$$dC(t) = \sum_u dC_u(t) \tag{29}$$

このようにして各業務部門の<u>損益プロセス</u>$(dW_u(t))$が得られる。

$$dW_u(t) = \sum_{i \in I_u} dV_t^*(A^i) - \sum_{j \in J_u} dV_t(L^j) + dF_u(t) - dC_u(t) \tag{30}$$

そのような$dW_u(t)$の年間の積み上がり額$(P_u(0,1) = \int_0^1 dW_u(t))$が各業務部門の<u>期間損益</u>である。

$$P_u(0,1) = \int_0^1 dW_u(t)$$

$$= \sum_{i \in I_u} \int_0^1 dV_t^*(A^i) - \sum_{j \in J_u} \int_0^1 dV_t(L^j) + \int_0^1 dF_u(t) - \int_0^1 dC_u(t) \tag{31}$$

1.3.3　業務部門への自己資本配布と期間損益への要請

この業務部門別の期間損益$(P_u(0,1))$についても，銀行全体の期間損益に対して株主と債権者から要請される条件と同様に，下記のような<u>平常時の収益性の</u>

確保と損失発生時の損失処理能力の確保を制約条件として付与したい。そのために期初において各業務部門に自己資本の配布を行うことにしよう。

(注)　期中の新たな状況の発生(たとえば新規業務の開始)への対応やストレス時対応などのためには，自己資本の一部をバッファーとして残しておくことが必要である(そのような自己資本を$W_{Buffer}(0)$で表示することにする)。

$$W(0) = \sum_u W_u(0) + W_{Buffer}(0) \tag{32}$$

$$u \in \{Loan, Trading\ Invest, Fee, ALM, etc.\}$$

期初に配布されたこの自己資本($W_u(0)$)が各業務部門の初期財産となり，以降は各業務部門で獲得した損益(損益プロセス)がこれに加わっていく。

$$W_u(t) = W_u(0) + \int_0^t dW_u(t) \tag{33}$$

期間を通しての財産額の増分が各業務部門の期間損益である。

$$P_u(0,1) = W_u(1) - W_u(0) = \int_0^1 dW_u(t) \tag{34}$$

このようにして計算される各業務部門の期間損益($P_u(0,1)$)に対して，期初の資本配布額($W_u(0)$)を基礎として，次のような収益性制約とリスク制約を設定する。

(収益性制約)　$E[P_u(0,1)] \geq \rho_u \cdot W_u(0)$ $\qquad$ (35)

(リスク制約)　$\Phi_\alpha[-P_u(0,1)] \leq W_u(0)$ $\qquad$ (36)

但し，$u \in \{Loan, Trading\ Invest, Fee, ALM, etc.\}$

ρ_u：業務部門uの資本コスト率

1.3.4　業務部門別管理の図式

ここまでに考えてきた業務部門別管理を図式化すると，【図4】のようになる。

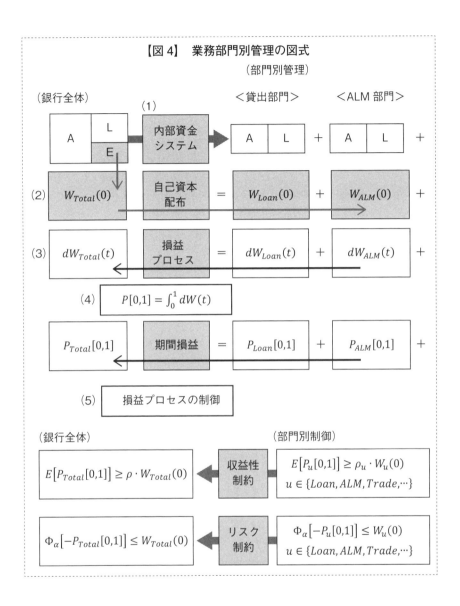

【図 4】　業務部門別管理の図式

(1) 内部資金システムによって銀行全体のＢ／Ｓを業務部門に分割し，管理
    会計システムによって銀行の経費を業務部門に割り付ける。

(2) 期初に自己資本($W(0)$)を業務部門に配布する。

(3) 配布された自己資本を初期財産額として，各業務部門の損益プロセス
    ($dW_u(t)$)を構成する。

(4) 損益プロセスを１年間にわたって積み上げたものが期間損益である。

(5) この期間損益に対して収益性制約，リスク制約の２種類の制御を加える。
    業務部門別制御が銀行全体の制御になるように注意することが必要である。

1.4　業務部門別管理の要約

　以下では，代表的な業務部門として，「貸出部門」(第２章)，「ALM 部門」(第
３章)，「トレーディング部門」(第４章)，「手数料部門」(第５章)を取り上げ，
順番に金融リスクを制御する方法について考察していく。ここではその結果を
列挙する。

　これ以降は，確率変数には「〜」(ティルダ)を付して表記することにする。
$d\widetilde{W}_{Loan}(s)$, $d\widetilde{H}_i(s)$, $d\tilde{r}(s)$ などである。

1.4.1　業務部門別の損益プロセス

　各業務部門の損益プロセスを書き出すと次のようになる。

＜貸出部門＞　(2.1　貸出部門の損益プロセス)

$$dW\widetilde{}_{Loan}(s) = \sum_{i=1}^{n} X_i(s) \cdot \pi_i \cdot ds - C_{Loan} \cdot ds - \sum_{i=1}^{n} X_i(s) \cdot (1-\theta_i) \cdot d\widetilde{H}_i(s) \quad (37)$$

　貸出部門の不確実要因は，取引先のデフォルト($d\widetilde{H}_i(s)$)である。
　貸出部門の損益プロセスのイメージは【図5】のようになる。

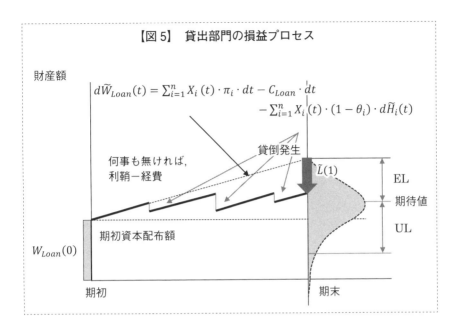

【図5】　貸出部門の損益プロセス

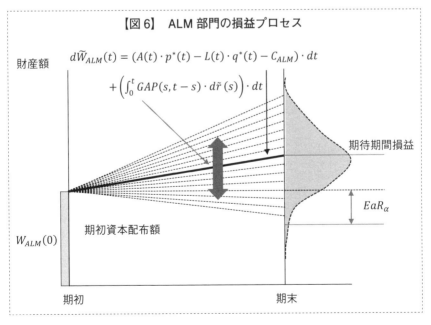

【図6】　ALM 部門の損益プロセス

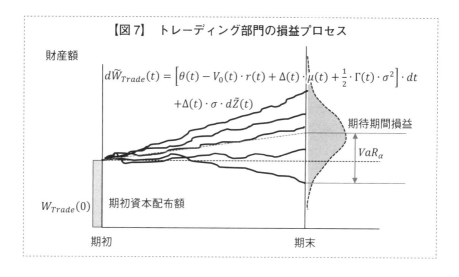

【図7】 トレーディング部門の損益プロセス

財産額

$$dd\widetilde{W}_{Trade}(t) = \left[\theta(t) - V_0(t)\cdot r(t) + \Delta(t)\cdot \mu(t) + \frac{1}{2}\cdot \Gamma(t)\cdot \sigma^2\right]\cdot dt$$
$$+\Delta(t)\cdot \sigma\cdot d\widetilde{Z}(t)$$

期待期間損益

VaR_α

$W_{Trade}(0)$ 期初資本配布額

期初　　　　　　　　　　　　　期末

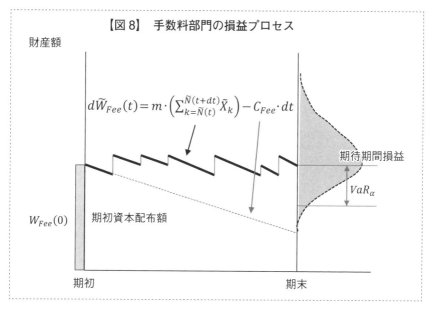

【図8】 手数料部門の損益プロセス

財産額

$$d\widetilde{W}_{Fee}(t) = m\cdot \left(\sum_{k=\widetilde{N}(t)}^{\widetilde{N}(t+dt)} \widetilde{X}_k\right) - C_{Fee}\cdot dt$$

期待期間損益

VaR_α

$W_{Fee}(0)$ 期初資本配布額

期初　　　　　　　　　　　　　期末

＜ ALM 部門＞　（3.2　ALM 部門の損益プロセス）

$$dW\widetilde{}_{ALM}(t) = A(t) \cdot p^*(t) \cdot dt - L(t) \cdot q^*(t) \cdot dt - C_{ALM} \cdot dt$$
$$+ \left(\int_0^t GAP(s, t-s) \cdot d\tilde{r}(s) \right) \cdot dt \qquad (38)$$

ALM 部門の不確実要因は，金利変動（$d\tilde{r}(s)$）である。

ALM 部門の損益プロセスのイメージは【図6】のようになる。

＜トレーディング部門＞　（4.2　トレーディング部門の損益プロセス）

$$d\widetilde{W}_{Trade}(t) = \left[(\theta(t) - V_0(t) \cdot r(t)) + \sum_{k=1}^{K} \Delta_k(t) \cdot \mu_k(t) + \frac{1}{2} \sum_{j,k=1}^{K} \Gamma_{j,k}(t) \rho_{j,k} \sigma_j \sigma_k - C_{Trade} \right] \cdot dt$$
$$+ \sum_{k=1}^{K} \Delta_k(t) \cdot \sigma_k \cdot d\widetilde{Z}_k(t) \qquad (39)$$

トレーディング部門の不確実要因は，各種の市場変動（$d\widetilde{Z}_k(t)$）である。

トレーディング部門の損益プロセスのイメージは【図7】のようになる。

＜手数料部門＞　（5.4　手数料部門の管理／オペレーショナルリスク管理）

$$d\widetilde{W}_{Fee}(t) = m \cdot \left(\sum_{k=\widetilde{N}(t)}^{\widetilde{N}(t+dt)} \tilde{X}_k \right) - C_{Fee} \cdot dt \qquad (40)$$

手数料部門の不確実要因は，案件金額（$\tilde{X}_k$）と案件の獲得状況（$\widetilde{N}(t)$）である。

手数料部門の損益プロセスのイメージは【図8】のようになる。

1.4.2　収益性確保の条件

収益性確保の条件は，各業務部門の期間損益の期待値（$E\left[\widetilde{P}_u[0,1]\right]$）を，業務部門に要請される資本コスト（$\rho_u \cdot W_u(0)$）以上にすることである。各業務部

門の収益性確保のための条件を列挙すると次のようになる。

＜貸出部門＞ （2.3　収益性確保のための十分条件（プライシング・ガイドライン））

$$p_i(t) \geq \bar{q}_i(t) + c_i + (1 - \theta_i) \cdot \lambda_{R(i)} + \rho_{Loan} \cdot w_i(0) \tag{41}$$

収益性確保のための<u>十分条件</u>は，取引先 i への貸出利率（$p_i(t)$）を，上式の右辺よりも大きくすることである。

但し，$\bar{q}_i(t)$：内部資金利率

c_i：貸出 X_i の経費率

θ_i：貸出 X_i のデフォルト時回収率

$\lambda_{R(i)}$：取引先 i の格付 $R(i)$ に対応するデフォルト率

ρ_{Loan}：貸出部門に株主が要請する資本コスト率

$w_i(0)$：貸出 X_i に割り付けられた貸出部門への配布資本 $W_{Loan}(0)$

＜ALM部門＞ （3.3　収益性確保のための条件）

$$\bar{p}^* - \bar{q}^* \geq \frac{c_{ALM}}{\bar{L}} + \rho_{ALM} \cdot \frac{W_{ALM}(0)}{\bar{L}} \tag{42}$$

ALM部門の収益性確保の条件は，期中平均の内部資金利率（$\bar{p}^*$）と，期中平均の外部資金調達コスト率（$\bar{q}^*$）との間の利鞘率を，

経費率（$c_{ALM}/\bar{L}$）＋資本コスト率（$\rho_{ALM} \cdot W_{ALM}(0)/\bar{L}$）

よりも大きくすることである。他行との貸出競争の状況を考えると，これは外部資金調達コスト率に対する制約となることが多い。

＜トレーディング部門＞ （4.4　収益性確保への要請と対応）

$$\tilde{P}[0,t] = \int_0^t d\,\widetilde{W}_{Trade}(s) \geq \rho_{Trade} \cdot W_{Trade}(0) \cdot t \qquad (43)$$

　トレーディング部門では，期中を通じて計画的に収益を獲得することは難しく，市場の状況を見ながら適切なポジションを構成して収益を積み上げていくことが必要になる。

　上式はトレーディング部門の期中損益の積み上がり状況($\tilde{P}[0,t]$)が，巡航速度で進捗しているか否かをチェックする式になる。

＜手数料部門＞ （5.4　手数料部門の管理／オペレーショナルリスク管理）

$$m \cdot \mu \cdot \theta \geq C_{Fee} + \rho_{Fee} \cdot W_{Fee}(0) \qquad (44)$$

　手数料部門の収益性確保の条件は，マージン率(m)×案件の平均金額(μ)×年間平均実施件数(θ)が，手数料部門経費＋手数料部門資本コストを上回るように業務設計をすることである。

1.4.3　リスク制約の条件

　リスク制約の条件は，各業務部門が一定の信頼度(α)の下で発生させ得る最大損失額($\Phi_\alpha\left[-\tilde{P}_u[0,1]\right]$)を，各業務部門に配布された自己資本額($W_u(0)$)以下にすることである。各業務部門のリスク制約条件を列挙すると次のようになる。

＜貸出部門＞ （2.4　損失発生額を制御するための条件）

　貸出ポートフォリオを次のように格付($I_k : k = 1, \cdots, K$)毎に分け，

$$X_{Total} = \sum_{i=1}^n X_i = \sum_{k=1}^K \left(\sum_{i \in I_k} X_i \right) \qquad (45)$$

格付毎の与信上限 M_k(すべての貸出残高を$X_i < M_k (\forall i \in I_k)$に制限)を次式の

ように設定する。

$$M_k \leq \frac{W_{Loan}(0)^2}{\phi_\alpha^2 \cdot X_{Total} \cdot (1-\theta)^2 \cdot \lambda_k \cdot (1-\lambda_k)} \tag{46}$$

但し，　θ：貸出のデフォルト時回収率

λ_k：格付 k に対応するデフォルト率

ϕ_α：信頼度 α に対応する点の標準偏差倍率

　信用リスクを制御する手法の根幹は「与信分散」である。貸出に与信上限を設定することによって与信分散を図るものである。これは，それぞれの取引先独自の事情によって発生するデフォルトに備えるものであるが，第2章ではいくつかの取引先に共通の事情（業種事情や地域事情）で発生するデフォルトに対する備えについても考察する。

＜ ALM 部門＞　（3.4　リスク制御のための条件）

　期中の時点（s）を基準に，それ以降の時点（$\forall t \geq s$）の「新規金利が適用される資産・負債残高」をそれぞれ $A_{s,1}(t)$，$L_{s,1}(t)$ とし，$GAP(s, t-s)$ を次式で定義すると，

$$GAP(s, t-s) = A_{s,1}(t) - L_{s,1}(t) \tag{47}$$

この $GAP(s, t-s)$ に次のように上限を設定して金利変動リスクを制御する。

$$|GAP(s, t-s)| \leq M, \quad M \leq \frac{\sqrt{3} \cdot W_{ALM}(0)}{\phi_\alpha} \tag{48}$$

＜トレーディング部門＞　（4.5　日々のポジションに対するリスク制約）

　トレーディング部門の日々のポジションの市場リスク因子の分散共分散行列

（Ω）と，各市場リスク因子への 1 次感応度のベクトル（$\Delta(t)$）が作る 2 次形式が，常に以下の条件を満たすようにポジションを制約する。

$$^t\Delta(t)\cdot\Omega\cdot\Delta(t)\leq L=\frac{W_{Trade}(0)^2}{\phi_\alpha^2} \tag{49}$$

これは，Δ 空間の楕円体の中に，日々のポジションを構成することを意味している。

＜手数料部門＞　（5.4　手数料部門の管理／オペレーショナルリスク管理）

手数料部門のリスク制約式は以下のようになる。

$$\phi_\alpha^2\cdot m^2\cdot\theta\cdot(\mu^2+\sigma^2)\leq W_{Fee}^2(0) \tag{50}$$

但し，m：マージン比率

μ：案件金額の期待値

σ^2：同分散

θ：案件の年間獲得件数の期待値

これは，一定条件の手数料業務を行うにあたって必要となる配布自己資本の量（$W_{Fee}(0)$）を与える式となる。

【補足事項❶】—————現在価値と金利

(1)　金融取引の価格計算では，金融取引から発生する cash flow を金利で現在価値に割り引いて計算する方法が基本である。これは次のような考え方に基づいている。

　　世の中に年間増殖率 r（少数表示）の投資手段があり，安全で常に利用可能とすれば，現在の財産(X)は 1 年後，2 年後，…には元利合計で【図9】のようになる。

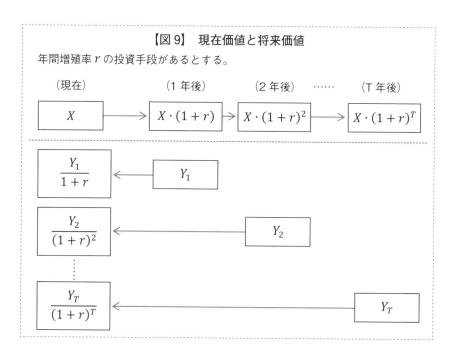

【図9】　現在価値と将来価値
年間増殖率 r の投資手段があるとする。

（現在）　　　（1 年後）　　　（2 年後）　……　（T 年後）

X → $X \cdot (1+r)$ → $X \cdot (1+r)^2$ → $X \cdot (1+r)^T$

$\dfrac{Y_1}{1+r}$ ← Y_1

$\dfrac{Y_2}{(1+r)^2}$ ← Y_2

$\dfrac{Y_T}{(1+r)^T}$ ← Y_T

　　逆に，この投資手段によって将来の価値($Y_1, Y_2, \cdots, Y_T$)を実現するためには，現在時点で，

$$\frac{Y_1}{1+r} \ , \ \frac{Y_2}{(1+r)^2} \ , \ \cdots \ , \ \frac{Y_T}{(1+r)^T}$$

の財産を有していればよい。

したがって，将来価値（$Y_t : t = 1,\cdots,T$）と現在価値（$\frac{Y_t}{(1+r)^t} : t = 1,\cdots,T$）は同等と考える。

この考え方に基づいて，将来に亘って Y_1, $Y_2,\cdots,Y_T$ の cash flow を発生させる金融取引の現在の価格を次のように算定する。

$$V = \frac{Y_1}{1+r} + \frac{Y_2}{(1+r)^2} + \cdots + \frac{Y_T}{(1+r)^T} \tag{51}$$

(2)　固定利付債券や固定金利貸出から発生する cash flow は，$(cF, \ cF,\cdots,cF + F)$ となり（但し，F：額面金額，c：利率），市場金利を r とすると，評価価格は次のように計算される。これは r の単調減少関数である。

$$V = \frac{c{\cdot}F}{1+r} + \frac{c{\cdot}F}{(1+r)^2} + \cdots + \frac{cF+F}{(1+r)^T} \tag{52}$$

次の恒等式，

$$1 - a^T = (1 - a) \cdot (1 + a + \cdots + a^{T-1}) \tag{53}$$

において，$a = \frac{1}{1+r}$ と置けば次式が得られる。

$$\begin{aligned}
1 - \left(\frac{1}{1+r}\right)^T &= \frac{r}{1+r} \cdot \left(1 + \frac{1}{1+r} + \cdots + \frac{1}{(1+r)^T}\right) \\
&= \frac{r}{1+r} + \frac{r}{(1+r)^2} + \cdots + \frac{r}{(1+r)^T}
\end{aligned} \tag{54}$$

両辺に額面金額（F）を掛けると，次式が得られる。

$$F - \frac{F}{(1+r)^T} = \frac{r{\cdot}F}{1+r} + \frac{r{\cdot}F}{(1+r)^2} + \cdots + \frac{r{\cdot}F}{(1+r)^T} \tag{55}$$

この左辺は額面金額（F）を T 年間据え置いたときの減価であり，右辺は T 年間に受け取る利息の現在価値である。すなわち，T 年間の利息は，「その間の元本価値の減価を補うもの」と考えられる。

また，(55)式の左辺第2項を移項して，

$$F = \frac{r \cdot F}{1+r} + \frac{r \cdot F}{(1+r)^2} + \cdots + \frac{r \cdot F}{(1+r)^T} + \frac{F}{(1+r)^T} \tag{56}$$

として，(52)式の金融取引の利率(c)を市場金利(r)と等しく設定すれば，評価額は額面金額に一致することがわかる。V は r の単調減少関数であったから，

$$
\begin{aligned}
&c > r \quad \text{ならば} \quad V > F \quad \text{(over par)} \\
&c = r \quad \text{ならば} \quad V = F \quad \text{(par)} \\
&c < r \quad \text{ならば} \quad F < F \quad \text{(under par)}
\end{aligned} \tag{57}
$$

であることがわかる。

この補足事項については，「何を今さら」と思うかも知れないが，金融工学の出発点である「cash flow を現在価値に割り引く」ということの意義と，適用利率と割引利率と市場金利の関係，実現損益と評価損益の関係を考える等の場面で重要である。

【補足事項❷】─────変動金利を複製する方法

(1)　金融商品についてのオプション理論では，原資産となる金融商品をダイナミックに売買して（ダイナミックヘッジ），オプション価値を複製する方法が示されている。株式や債券，外貨（為替レート），貴金属，価値が保存される商品などについてのオプションの価値を，そのような方法によって複製することができる。

　　しかし，cap や floor や swaption などの「変動金利を原資産とするオプション」は，どのようにしてヘッジすればよいだろうか。変動金利そのものは，市場では売買されていない。この問題について考えてみよう。

(2)　対象となる変動金利を $\tilde{r}(T, m)$（期間 $(T, T + m)$ の金利（年率表示））とする。現時点$(t < T)$では，将来に亘ってすべての満期の割引債が売買されているとする。満期 T および満期 $T + m$ の割引債の時点 t における価格を，それぞれ，

　　　　$D_T(t), \ D_{T+m}(t)$

で表示すると，これらは常時$(t < T)$市場で売買されている金融商品である。

　　そこで，この割引債を使って「将来の金利 $\tilde{r}(T, m)$」を複製する方法を考えてみよう。

(3)　現時点$(t < T)$で，将来の期間 $(T, T + m)$ の金利 $\tilde{r}(T, m)$（現時点では未定である）を実現するために次のようなポートフォリオを構成する。

①　現時点(t)で割引債 $D_T(t)$ を購入し，割引債 $D_{T+m}(t)$ を売却する。

②　将来時点(T)で割引債 $D_T(t)$ が満期になり額面価格 1 が実現するが，直ちにそれを m 期間の資金運用に出す（したがって，net cash flow は 0）。

③　将来時点$(T+m)$で割引債 $D_{T+m}(t)$ と資金運用が満期になり，額面価格 -1 と元利合計 $1 + m \cdot \tilde{r}(T, m)$ が実現する（したがって，net cash flow は

$m \cdot \tilde{r}(T,m))$。

この操作によって，「時点 $T+m$ の cash flow $\tilde{r}(T,m)$」を実現することができた。

現時点(t)		将来時点(T)		将来時点($T+m$)
割引債購入 $-D_T(t)$	→	満期 1		
		資金運用 -1	→	元利合計 $1 + m \cdot \tilde{r}(T,m)$
割引債売却 $D_{T+m}(t)$	→	→	→	満期 -1
合計 ① $-(D_T(t)-D_{T+m}(t))$		合計 ② 0		合計 ③ $m \cdot \tilde{r}(T,m)$

(4) 「将来の金利 $\tilde{r}(T,m)$」を実現するためのポジション（ポートフォリオ）

$$D_T(t) - D_{T+m}(t) \tag{58}$$

について，次のように変形してみよう。

$$D_T(t) - D_{T+m}(t) = D_{T+m}(t) \cdot \left(\frac{D_T(t)}{D_{T+m}(t)} - 1\right) \tag{59}$$

ここで，「フォーワード割引債」（$F_{T,T+m}(t)$）を【図10】のように考える。現在(t)の割引債市場に内包されている「将来の期間 $(T, T+m)$ の割引債」である。

(5) 割引債の利率($d_{T-t}(t)$)は，元本 $D_T(t)$ に運用期間($T-t$)中の利息が付いて元利合計が「1」になると考えると，

$$\frac{1}{D_T(t)} - 1 = (T-t) \cdot d_{T-t}(t) \tag{60}$$

したがって，その利率は次のように計算される。

$$d_{T-t}(t) = \frac{1}{T-t} \cdot \left(\frac{1}{D_T(t)} - 1\right) \tag{61}$$

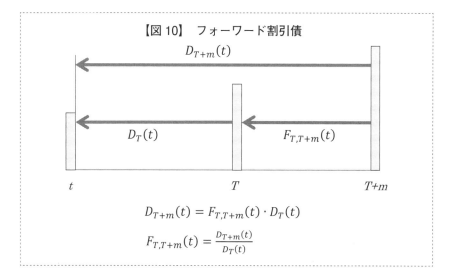

【図 10】　フォーワード割引債

$$D_{T+m}(t)$$

$$D_T(t) \qquad F_{T,T+m}(t)$$

$$t \qquad\qquad T \qquad\qquad T+m$$

$$D_{T+m}(t) = F_{T,T+m}(t) \cdot D_T(t)$$

$$F_{T,T+m}(t) = \frac{D_{T+m}(t)}{D_T(t)}$$

したがって，フォワード割引債 $(F_{T,T+m}(t))$ の利率 $(f_{T,T+m}(t))$ は次のように計算される。

$$f_{T,T+m}(t) = \frac{1}{m} \cdot \left(\frac{1}{F_{T,T+m}(t)} - 1 \right) = \frac{1}{m} \cdot \left(\frac{D_T(t)}{D_{T+m}(t)} - 1 \right) \tag{62}$$

(6)　以上から，「将来の金利 $m \cdot \tilde{r}(T,m)$」を実現するためのポジション（ポートフォリオ）は，次のようになる。

$$D_T(t) - D_{T+m}(t) = D_{T+m}(t) \cdot \left(\frac{D_T(t)}{D_{T+m}(t)} - 1 \right)$$

$$= D_{T+m}(t) \cdot m \cdot f_{T,T+m}(t) \tag{63}$$

これは，フォワード割引債に内包される利率 $(f_{T,T+m}(t))$ をあたかも原資産と見做して管理し，それを実際の市場では「満期の異なる 2 つの割引債のロング・ショートポジション」

$$D_T(t) - D_{T+m}(t)$$

として売買すればよいことがわかる。

(注) $f_{T,T+m}(t)$ をインプライド・フォワードレートと呼んでいる。

(7) 変動金利商品の cash flow は,利払い時点 $=\{t_i\}$ $(i=1,\cdots,n)$, $t_{i+1}-t_i=m$, 発行時点 $(t_0=0)$,満期 $(t_n=T)$ とすると,

・利払毎の金利 cash flow 「$m \cdot \tilde{r}(t_i,m) \cdot F : i=0,\cdots,n-1$」と,

・満期の元本 cash flow 「F」

である。

これらの将来の cash flow を構成するための現在のポジションは,

・利払毎の金利に対しては「$F \cdot D_{t_i}(t) - F \cdot D_{t_{i+1}}(t)$」

・満期の元本に対しては「$F \cdot D_T(t)$」

それをすべて合算すると,

$$V(t) = \sum_{i=1}^{n} F \cdot \left(D_{t_i}(t) - D_{t_{i+1}}(t) \right) + F \cdot D_T(t)$$

Σ の隣りあわせの項を順番に消していくと,一つの項だけが残り,

$$V(t) = F \cdot D_{t_0}(t)$$

評価時点を発行時点 $(t=t_0=0)$ とすると,変動金利商品の発行時の評価価格は額面価値 (F) であることがわかる。

$$V(0) = F \cdot D_{t_0}(0) = F$$

(8) 同様にして,将来の各利払時点での評価価値も額面価値 (F) となることもわかる。

┨【章末問題】┠

(1)　満期 T 年，クーポン c（少数表示，年 1 回利払い），額面 F の固定利付債について，発行後 t か月（$t/12$ 年）の評価額を経過利子と元本評価額に分解せよ。

(p.7 参照。円債について考えるので $e_f(t) = 1$）

(2)　変動利付債の利払い終了直後の評価価値は，額面金額 F であることを示せ。

(p.36 参照)

(3)　p.10 の信用リスク考慮の評価額が(12)式で表されることを説明せよ。

$$V_t^*\left(A^i\right) = V_t\left(A^i\right) \cdot \left(1 - H_i(t)\right) + \omega^i \cdot V_t\left(A^i\right) \cdot H_i(t) \tag{12}$$

(4)　また，信用リスク考慮の金融商品の評価額の変化は，次の(14)式で表されることを説明せよ。

$$dV_t^*\left(A^i\right) = dV_t^{AI}\left(A^i\right) + \theta^i \cdot dt + \sum_{k=1}^{K} \Delta_k^i \cdot dx_k + \frac{1}{2} \sum_{k,l=1}^{K} \Gamma_{k,l}^i \cdot dx_k dx_l$$
$$- \left(1 - \omega^i\right) \cdot V_t\left(A^i\right) \cdot dH_i(t) \tag{14}$$

(p.10 参照)

(5)　取引先の微小期間 $(t, t + dt)$ のデフォルト確率が次式で与えられるとすると，

$$\begin{cases} Prob(H(t + dt) = 1 | H(t) = 0) = \lambda \cdot dt \\ Prob(H(t + dt) = 0 | H(t) = 0) = 1 - \lambda \cdot dt \end{cases}$$

期初に支払可能な取引先（$H(0) = 0$）が期間中（$[0,1]$）にデフォルトする確率
$$Prob(H(1) = 1 | H(0) = 0)$$
デフォルトしない確率
$$Prob(H(1) = 0 | H(0) = 0)$$
を求めよ。

(p.11 参照。期間中に生存し続ける確率を先に求めるとよい)

(6) 期初の自己資本配布

$$W(0) = \sum_u W_u(0) + W_{Buffer}(0)$$

において，資本バッファー$(W_{Buffer}(0))$の役割について説明せよ。

(p.20 参照。逆に，リスクの相互作用で $\sum_u W_u(0)$ が余剰する可能性がある)

第2章 | 貸出部門の管理

2.1 貸出部門の損益プロセス

　貸出部門の損益プロセスは次のようになる。まずは，この式の導出を目指そう。

$$d\widetilde{W}_{Loan}(s) = \sum_{i=1}^{n} X_i(s) \cdot \pi_i \cdot ds - C_{Loan} \cdot ds - \sum_{i=1}^{n} X_i(s) \cdot (1 - \theta_i) \cdot d\widetilde{H}_i(s) \quad (1)$$

2.1.1 自己資本配布，貸出ポートフォリオ

　期初に貸出部門に自己資本配布を行う。これが貸出部門の初期財産額となる。

$$W_{Loan}(0)$$

期初の貸出ポートフォリオ（残高）は次のとおりとする。

$i = 1, \cdots, n$ は取引先を表すものとする。

$$X_{Total}(0) = \sum_{i=1}^{n} X_i(0) \quad (2)$$

（注）　この期初の貸出残高は，やがて満期や一部償還となって落ちていくものがあり，また，新規貸出として期中に新たに加わるものがある。

このように期間中$(0 \leq s \leq 1)$の残高は，既存残高(期初に残高がある取引先：$i=1,\cdots,n_0$)と新規残高(期中に残高が生じる取引先：$i=n_0+1,\cdots,n_0+n_1=n$)で構成される。新規残高は新規取引シナリオを作成して構成する。

$$X_{Total}(s) = \sum_{i=1}^{n_0} X_i(s) + \sum_{i=n_0+1}^{n_0+n_1} X_i(s) = \sum_{i=1}^{n} X_i(s) \tag{3}$$

2.1.2 利鞘発生，経費発生，デフォルト損失発生

貸出部門では，微小期間$\big([s,s+ds]\big)$の間に貸出と内部資金のポートフォリオから利鞘(利鞘率π)が発生し，人件費や物件費などの経費が支出される。

$$\sum_{i=1}^{n} X_i(s) \cdot \pi_i \cdot ds - C_{Loan} \cdot ds \tag{4}$$

また，その間に取引先iがデフォルトすればデフォルト損失が発生する。

$$-\sum_{i=1}^{n} (1-\theta_i) \cdot X_i(s) \cdot d\widetilde{H}_i(s) \tag{5}$$

（注）$\widetilde{H}_i(s)$は，取引先iの時点sにおける状態を表す離散確率変数で，

$$\widetilde{H}_i(s) = \begin{cases} 1 \cdots & default \\ 0 \cdots & not-default \end{cases} \tag{6}$$

で，時点sでデフォルトではない状態$(H_i(s)=0)$で，次の瞬間にデフォルトする確率は$\lambda_{R(i)} \cdot ds$であるとする。但し，$R(i)$は，取引先iの格付を表す。

$$\widetilde{H}_i(s+ds)\big|_{H_i(s)=0} = \begin{cases} 1 \cdots & \lambda_{R(i)} \cdot ds \\ 0 \cdots & 1-\lambda_{R(i)} \cdot ds \end{cases} \tag{7}$$

（注）θ_iは，デフォルト時の回収率を表す。利息は回収できるものとし，回収率は元本に対する比率とする。

これらを合わせると，次の「貸出部門の損益プロセス」が得られる。

$$dW\widetilde{\,}_{Loan}(s) = \sum_{i=1}^{n} X_i(s) \cdot \pi_i \cdot ds - C_{Loan} \cdot ds - \sum_{i=1}^{n} X_i(s) \cdot (1-\theta_i) \cdot d\widetilde{H}_i(s) \quad (1)$$

2.2　貸出部門の期間損益

　期初財産額 $(W_{Loan}(0))$ に対して，期間中にこの損益プロセスが積み上がると，期末には期末財産額 $(\widetilde{W}_{Loan}(1))$ が得られる。期間損益 $(\widetilde{P}_{Loan}[0,1])$ はその差額である。

$$\widetilde{W}_{Loan}(1) = W_{Loan}(0) + \int_0^1 d\widetilde{W}_{Loan}(s) \tag{8}$$

$$\widetilde{P}_{Loan}[0,1] = \widetilde{W}_{Loan}(1) - W_{Loan}(0) = \int_0^1 d\widetilde{W}_{Loan}(s) \tag{9}$$

貸出部門の期間損益は，次のように計算される。

$$\widetilde{P}_{Loan}[0,1] = \int_0^1 d\widetilde{W}_{Loan}(s)$$

$$= \sum_{i=1}^{n} \pi_i \cdot \int_0^1 X_i(s) \cdot ds - C_{Loan} \cdot \int_0^1 ds - \sum_{i=1}^{n} \int_0^1 (1-\theta_i) \cdot X_i(s) \cdot d\widetilde{H}_i(s) \tag{10}$$

$$= \sum_{i=1}^{n} \pi_i \cdot \overline{X}_i - C_{Loan} - \sum_{i=1}^{n} (1-\theta_i) \cdot X_i(\widetilde{\tau}_i) \cdot \widetilde{H}_i(1) \tag{11}$$

但し，$\widetilde{\tau}_i$：取引先 i のデフォルト時点

（注）　$\overline{X}_i = \int_0^1 X_i(s) \cdot ds$ は，取引先 i への貸出の期中平均残高である。

（注）　$\widetilde{H}_i(s)$ は一方方向へのプロセスで，$H_i(s)=0$ から $\widetilde{H}_i(s+ds)=1$ となれば，二度と $H_i(t)=0 \, (t>s)$ となることはない。したがって，期中にデフォルトした取引先は $H_i(1)=1$（期末にデフォルト状態）となっている取引先であり，回収率はそのデフォルト時点 $\widetilde{\tau}_i$ における残高 $X_i(\widetilde{\tau}_i)$ を基準に計算する。

2.3 収益性確保のための制約

期間損益に対する「収益性確保のための制約」は次のように記述される。

$$E\left[\widetilde{P}_{Loan}[0,1]\right] \ge \rho_{Loan} \cdot W_{Loan}(0) \tag{12}$$

（注）　ρ_{Loan} は，株主が貸出部門に期待する資本コスト率(Cost of Capital)を表す。

2.3.1 期間損益の期待値

そのために貸出部門の期間損益の期待値を計算する。期間損益は次式で表された。

$$\widetilde{P}_{Loan}[0,1] = \sum_{i=1}^{n} \pi_i \cdot \overline{X}_i - C_{Loan} - \sum_{i=1}^{n}(1-\theta_i) \cdot X_i(\widetilde{\tau}_i) \cdot \widetilde{H}_i(1) \tag{11}$$

したがって，その期待値は以下のように計算される。

$$E\left[\widetilde{P}_{Loan}[0,1]\right] = \sum_{i=1}^{n} \pi_i \cdot \overline{X}_i - C_{Loan} - \sum_{i=1}^{n}(1-\theta_i) \cdot E\left[X_i(\widetilde{\tau}_i) \cdot \widetilde{H}_i(1)\right] \tag{13}$$

すなわち，$E\left[X_i(\widetilde{\tau}_i) \cdot \widetilde{H}_i(1)\right]$ が判ればよいことになる。

$E\left[X_i(\widetilde{\tau}_i) \cdot \widetilde{H}_i(1)\right]$ は，次のように計算される。

$$E\left[X_i(\widetilde{\tau}_i) \cdot \widetilde{H}_i(1)\right] = E\left[X_i(\widetilde{\tau}_i) \cdot 0\Big|_{\widetilde{H}_i(1)=0}\right] \cdot P\left\{\widetilde{H}_i(1)=0\right\}$$
$$+ E\left[X_i(\widetilde{\tau}_i) \cdot 1\Big|_{\widetilde{H}_i(1)=1}\right] \cdot P\left\{\widetilde{H}_i(1)=1\right\} \tag{14}$$

$$= 0 + \overline{X}_i \cdot \lambda_{R(i)} = \overline{X}_i \cdot \lambda_{R(i)} \tag{15}$$

（注）　期末($t=1$)の状態が，$\widetilde{H}_i(1)=0$であるか，$\widetilde{H}_i(1)=1$であるかで分類する。

$\widetilde{H}_i(1) = 0$ の場合には, $E\left[X_i\left(\widetilde{\tau}_i\right) \cdot \widetilde{H}_i(1)\right] = 0$

$\widetilde{H}_i(1) = 1$ の場合には, $E\left[X_i\left(\widetilde{\tau}_i\right) \cdot \widetilde{H}_i(1)\right] = E\left[X_i\left(\widetilde{\tau}_i\right)\right] = \overline{X}_i$

(期間中のデフォルト率が一定なので, デフォルト時刻 $\widetilde{\tau}_i$ は一様分布となる)

それぞれに発生確率を掛けて結果が得られる。

(注)　確率変数 $\widetilde{H}_i(s)$ には, 以下のように各時点での発生確率が付与されている。

$$\widetilde{H}_i(s+ds)\Big|_{H_i(s)=0} = \begin{cases} 1 \cdots & \lambda_{R(i)} \cdot ds \\ 0 \cdots & 1 - \lambda_{R(i)} \cdot ds \end{cases} \tag{16}$$

したがって, 期初に支払可能という条件下での期末の状態は以下の確率になる。

$$\widetilde{H}_i(1)\Big|_{H_i(s)=0} = \begin{cases} 1 \cdots & 1 - e^{-\lambda_{R(i)}} \approx \lambda_{R(i)} \\ 0 \cdots & e^{-\lambda_{R(i)}} \approx 1 - \lambda_{R(i)} \end{cases} \tag{17}$$

これらの結果から, 貸出部門の期間損益の期待値は以下のようになる。

$$E\left[\widetilde{P}_{Loan}[0,1]\right] = \sum_{i=1}^{n} \pi_i \cdot \overline{X}_i - C_{Loan} - \sum_{i=1}^{n}\left(1 - \theta_i\right) \cdot \overline{X}_i \cdot \lambda_{R(i)} \tag{18}$$

2.3.2　収益性確保のための十分条件(プライシング・ガイドライン)

貸出部門に対して株主が要請する収益性の条件は以下のとおりであった。

$$E\left[\widetilde{P}_{Loan}[0,1]\right] \geq \rho_{Loan} \cdot W_{Loan}(0) \tag{12}$$

2.3.1 の結果と合わせると,

$$\sum_{i=1}^{n} \pi_i \cdot \overline{X}_i - C_{Loan} - \sum_{i=1}^{n}\left(1 - \theta_i\right) \cdot \overline{X}_i \cdot \lambda_{R(i)} \geq \rho_{Loan} \cdot W_{Loan}(0) \tag{19}$$

この式からさらに展開するために, 各取引先への貸出 $\overline{X}_i$ に対して, 経費 C_{Loan} と期初配布資本 ($W_{Loan}(0)$) を割り付ける(そのための何らかの方法が準備されているとする)。

$$C_{Loan} = \sum_{i=1}^{n} c_i \cdot \overline{X}_i \qquad\qquad c_i \;\; : 経費率（管理会計による） \qquad (20)$$

$$W_{Loan}(0) = \sum_{i=1}^{n} w_i(0) \cdot \overline{X}_i \qquad w_i(0) : 配賦資本率 \qquad (21)$$

$$（リスク寄与度方式等による）$$

これらの式を代入すると以下のようになる。

$$\sum_{i=1}^{n} \pi_i \cdot \overline{X}_i - \sum_{i=1}^{n} c_i \cdot \overline{X}_i - \sum_{i=1}^{n}(1-\theta_i) \cdot \overline{X}_i \cdot \lambda_{R(i)} \geq \rho_{Loan} \cdot \sum_{i=1}^{n} w_i(0) \cdot \overline{X}_i \;(22)$$

右辺を移項して $\overline{X}_i$ で括ると，次式が得られる。

$$\sum_{i=1}^{n} \overline{X}_i \cdot \left[\pi_i - c_i - (1-\theta_i) \cdot \lambda_{R(i)} - \rho_{Loan} \cdot w_i(0) \right] \geq 0 \qquad (23)$$

この不等式が成立するための「**十分条件**」は，$\sum$ の各項が正値であることである。残高 $\overline{X}_i$ は正値であるから，各貸出について以下の式が満たされればよい。

$$\pi_i - c_i - (1-\theta_i) \cdot \lambda_{R(i)} - \rho_{Loan} \cdot w_i(0) \geq 0 \qquad (24)$$

これを貸出利率と内部資金利率との間の利鞘率（$\pi_i = p_i(t) - \overline{q}_i(t)$）について解くと，

$$\pi_i = p_i(t) - \overline{q}_i(t) \geq c_i + (1-\theta_i) \cdot \lambda_{R(i)} + \rho_{Loan} \cdot w_i(0) \qquad (25)$$

さらに貸出利率 $p_i(t)$ について整理すると，貸出利率設定についての制約条件が得られる。

$$p_i(t) \geq \overline{q}_i(t) + c_i + (1-\theta_i) \cdot \lambda_{R(i)} + \rho_{Loan} \cdot w_i(0) \qquad (26)$$

すなわち，貸出利率（$p_i(t)$）は，内部資金利率（$\overline{q}_i(t)$）に経費率（c_i），EL 比率（$(1-\theta_i) \cdot \lambda_{R(i)}$），資本コスト比率（$\rho_{Loan} \cdot w_i(0)$）を加えたものを上回るように設定すればよいことがわかる。この制約式を「_プライシング・ガイドライン_」と呼んでいる。

さらに，もう一度(26)式の両辺に $\overline{X}_i$ を掛けて変形すると以下の式が得られ

る。

$$RARoC_i = \frac{\pi_i \cdot \overline{X}_i - c_i \cdot \overline{X}_i - (1-\theta_i) \cdot \lambda_{R(i)} \cdot \overline{X}_i}{w_i(0) \cdot \overline{X}_i} \geq \rho_{Loan} \qquad (27)$$

この式は「RARoC（= Risk Adjusted Return on Capital）」と呼ばれる。

すなわち，**プライシング・ガイドライン**は，当該貸出の **RARoC** を貸出部門に対して株主が要求する**資本コスト率** ρ_{Loan} **以上にする**ことと同値である。

2.3.3　収益性改善のための施策

貸出部門の収益性確保のための十分条件は以下のとおりであった。

$$p_i(t) \geq \overline{q}_i(t) + c_i + (1-\theta_i) \cdot \lambda_{R(i)} + \rho_{Loan} \cdot w_i(0) \qquad (26)$$

そのために，貸出実施時に諸コストをカバーするように適正な貸出金利を設定することが重要になる。そのようにして実施された貸出について，期末毎に収益実績を(26)式で評価するとすれば，右辺の各項目は貸出後にも業務改善によって低減させることが可能である。

(1)　貸出時の利率設定

$p_i(t)$　　　貸出時に諸コストをカバーするように設定

(2)　貸出後の業務改善

$\overline{q}_i(t)$　　　資金調達コストの低減

c_i　　　営業コストの低減

θ_i　　　担保や保証の見直し

$\lambda_{R(i)}$　　　取引先への助言等による格付改善（= デフォルト率低減）

$w_i(0)$　　　ポートフォリオ分散化による UL 低減

ρ_{Loan}　　　銀行全体の収益安定性等による資本コスト率低減

（1），（2）は，貸出ポートフォリオの構成は貸出実行時のままにして収益性を確保し，あるいは改善する方法であるが，その他に貸出ポートフォリオを再構成することによって収益性を改善する方法がある。

＜参考：リスク量の Euler 分配＞

ここで，各貸出(X_i)に期初配布資本$(W_{Loan}(0))$を割り付ける方法について考えてみよう。

貸出ポートフォリオが次のように構成されているとする。

$$X_{Total} = \sum_{i=1}^{n} X_i \tag{27}$$

また，この貸出ポートフォリオに対してリスク量$\Phi(X)$が計量されているとする。

$$\Phi(X) = \Phi(X_1, \cdots, X_n) \tag{28}$$

（注）　たとえば，貸出ポートフォリオ全体から発生するデフォルト損失額（確率変数）の標準偏差や VaR，UL など。

このリスク量$\Phi(X)$が次の2つの条件を満たすとする。

（A1）　正値1次同次

$$\forall k > 0 \text{ に対して，} \Phi(kX_1, \cdots, kX_n) = k \cdot \Phi(X_1, \cdots, X_n) \tag{29}$$

（A2）　偏微分の存在

$$\exists \Phi_i(X) = \frac{\partial \Phi(X)}{\partial X_i} \quad (i = 1, \cdots, n) \tag{30}$$

このとき，リスク量は次のように分解できることが証明される（5.1.2 も参照）。

$$\Phi(X) = \sum_{i=1}^{n} \frac{\partial \Phi(X)}{\partial X_i} \cdot X_i = \sum_{i=1}^{n} \Phi_i(X) \cdot X_i \tag{31}$$

このような分解を「**リスク量の Euler 分配**」という。

（演習 1）　貸出ポートフォリオから期中に発生するデフォルト損失

$$\widetilde{L}_{Loan}(1) = \sum_{i=1}^{n} X_i(\widetilde{\tau}_i) \cdot (1 - \theta_i) \cdot \widetilde{H}_i(1)$$

の期待値，標準偏差，VaR_α，UL_α などは(A1)，(A2)の条件を満たすことを示せ。

（演習 2）　リスク量 $\Phi(X)$ が(A1)，(A2)を満たすとき，Euler 分配が可能であることを示せ。

また，貸出の収益性を RARoC で計測するとき，貸出 X_i と貸出全体(X)との関係が，

$$RARoC(X_i) = \frac{RAR(X_i)}{\Phi_i(X) \cdot X_i} > (<)RARoC(X) \tag{32}$$

$$RAR(X_i) = \pi_i \cdot X_i - c_i \cdot X_i - EL(X_i) \tag{33}$$

であれば，貸出 X_i の残高を増やせば（減らせば），貸出ポートフォリオ全体の RARoC を改善することができる。すなわち，部分ポートフォリオと全体ポートフォリオとを整合的に管理することができる。

Tasche, D. は『Risk Contribution and Performance Measurement』（1999）の中で，Euler 分配と RARoC による収益性評価は，部分ポートフォリオと全体ポートフォリオを整合的につなぐ唯一の方法であることを示した。

(3)　貸出ポートフォリオの入れ替え

貸出ポートフォリオを構成する各貸出に対して，経費と配布資本を割り付けて RARoC を計算する。

$$RARoC(X_i) = \frac{RAR(X_i)}{\Phi_i(X) \cdot X_i} \tag{32}$$

但し，$RAR(X_i) = \pi_i \cdot X_i - c_i \cdot X_i - EL(X_i)$：Risk-Adjusted Return

$\Phi_i(X) \cdot X_i$：貸出 X_i に割り付けられた自己資本額

横軸に割付資本 $\Phi_i(X) \cdot X_i$ をとり，縦軸にリスク調整後利益 $RAR(X_i)$ をとって，各貸出を2次元平面にプロットすると，その点と原点を結ぶ直線の傾きが RARoC になる。

貸出ポートフォリオ全体の RARoC を原点を通る直線で表示したとき，その直線より上にある貸出の残高を増やせば，貸出全体の RARoC を改善することができる。または，その直線より下にある貸出の残高を減らせば，貸出全体の RARoC を改善することができる。

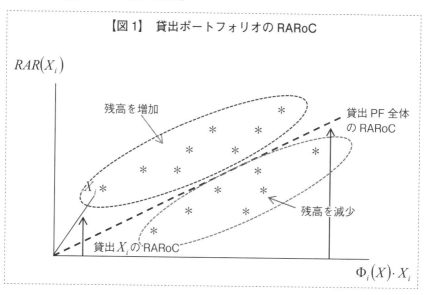

【図1】　貸出ポートフォリオの RARoC

(4)　証券化(流動化)による収益性改善

貸出ポートフォリオの一部を SPV(Special Purpose Vehicle)に譲渡し，その cash flow をシニア・メザニン・エクイティに再構成して，それらを証券として投資家に販売するのが証券化である。証券化されたシニア・メザニン・エクイティの配布資本 $\Phi_i(X) \cdot X_i$ とリスク調整後利益 $RAR(X_i)$ を横軸，縦軸にとって RARoC を比較したとき，譲渡した部分ポートフォリオ全体の RARoC(点線)に対して，シニア・メザニンの RARoC はそれを下回るように，エクイテ

ィの RARoC はそれを上回るように構成して，エクイティは投資家に販売せず
にあらためて自ら保有するようにすれば，貸出ポートフォリオの一部譲渡の前
後で，資産全体のポートフォリオの収益性(RARoC)を改善することができる。

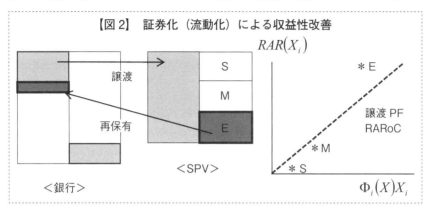

【図2】　証券化（流動化）による収益性改善

(5)　CDS(Credit Default Swap)による構造改善

CDS は，参照企業 i がデフォルトした場合に金額 Y_i を受け取れることを条
件に，契約満期まで年額 $m_i Y_i$ のプレミアムを支払う契約である。cash flow は
以下のとおりである。

$$Y_i d\widetilde{H}_i(s) - m_i Y_i ds \tag{34}$$

この契約によって貸出部門の損益プロセス

$$d\widetilde{W}_{Loan}(s) = \sum_{i=1}^{n} X_i(s) \cdot \pi_i \cdot ds - C_{Loan} \cdot ds - \sum_{i=1}^{n} X_i(s) \cdot (1 - \theta_i) \cdot d\widetilde{H}_i(s) \tag{1}$$

を次のように修正することができる。

$$d\widetilde{W}_{Loan}(s) = \sum_{i=1}^{n} (X_i(s) \cdot \pi_i - Y_i \cdot m_i) \cdot ds - C_{Loan} \cdot ds - \sum_{i=1}^{n} (X_i(s) \cdot (1 - \theta_i) - Y_i) \cdot d\widetilde{H}_i(s)$$

$$\tag{35}$$

すなわち，CDS プレミアムによって貸出ポートフォリオの収益性を低下さ
せる見返りに，貸倒損失発生時の損失額を減少させることができる。

2.4 損失発生額を制御するための条件

貸出部門の損益プロセス

$$d\widetilde{W}_{Loan}(s) = \sum_{i=1}^{n} X_i(s) \cdot \pi_i \cdot ds - C_{Loan} \cdot ds - \sum_{i=1}^{n} X_i(s) \cdot (1 - \theta_i) \cdot d\widetilde{H}_i(s) \quad (1)$$

の中で，貸倒損失の発生を表す部分は次のとおりである。

$$d\widetilde{L}_{Loan}(s) = \sum_{i=1}^{n} X_i(s) \cdot (1 - \theta_i) \cdot d\widetilde{H}_i(s), \qquad L_{Loan}(0) = 0 \qquad (36)$$

決算期間途中 $[0,\ t]$ までの累積貸倒損失額を計算すると以下のようになる。

$$\widetilde{L}_{Loan}(t) = \int_0^t d\widetilde{L}_{Loan}(s) = \sum_{i=1}^{n} X_i(\widetilde{\tau}_i) \cdot (1 - \theta_i) \cdot \widetilde{H}_i(t) \qquad (37)$$

また，全決算期間の累積貸倒損失額は以下のとおりである。

$$\widetilde{L}_{Loan}(1) = \int_0^1 d\widetilde{L}_{Loan}(s) = \sum_{i=1}^{n} X_i(\widetilde{\tau}_i) \cdot (1 - \theta_i) \cdot \widetilde{H}_i(1) \qquad (38)$$

この決算期間（$[0,1]$）の損失累積額の期待値を EL（Expected Loss）と呼び，下記のように計算する。

$$EL = E\left[\widetilde{L}_{Loan}(1)\right] = \sum_{i=1}^{n} \overline{X}_i \cdot (1 - \theta_i) \cdot \lambda_{R(i)} \qquad (39)$$

前節で議論した収益性確保の条件が満たされていれば，EL はフローの名目超過収益でカバーできていることになる。

$$EL = \sum_{i=1}^{n} \overline{X}_i \cdot (1 - \theta_i) \cdot \lambda_{R(i)} < \sum_{i=1}^{n} \pi_i \overline{X}_i - C_{Loan} - \rho_{Loan} \cdot W_{Loan}(0) \qquad (40)$$

（演習3）（39)式，(40)式を証明せよ。

期待値を上回る損失が発生した場合には，一定の信頼度 α の下で想定される

「EL を上回る最大損失額 UL_α（Unexpected Loss）」が，損失処理の原資となる当初の配布資本額 $W_{Loan}(0)$ でカバーできるように制御したい（【図3】参照）。

$$UL_\alpha = VaR_\alpha\big[\widetilde{L}_{Loan}(1)\big] - EL \leq W_{Loan}(0) \tag{41}$$

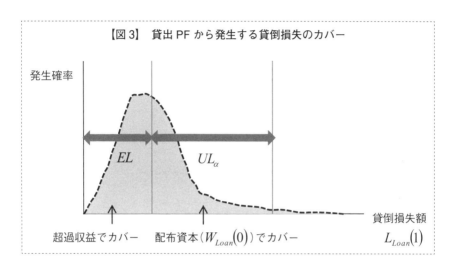

【図3】　貸出 PF から発生する貸倒損失のカバー

2.4.1　簡単な設定（均一な貸出ポートフォリオの場合）

　この信用リスク制御についての問題の本質が明らかになるように，次のような「均一な貸出ポートフォリオ」について，貸倒損失額の発生可能性を考えてみよう。

　1)　各取引先に対する貸出額が同一（X_{Total}/n）で，期中に残高が不変

　2)　各取引先のデフォルト率（λ），回収率（θ）が同一

　3)　各取引先のデフォルトは相互に独立に発生する

　均一ポートフォリオの場合には，$\widetilde{L}_{Loan}(1)$ は「同一分布に従う相互に独立な確率変数」[注]である $\big\{(X_{Total}/n)\cdot(1-\theta)\cdot\widetilde{H}_i(1)\big\}$（$i=1,\cdots,n$）の和となり，中心極限定理により，$n$ が十分に大きい場合には正規分布に収束する。

$$\widetilde{L}_{Loan}(1) \sim N(\mu, \sigma^2) \tag{42}$$

（注）　そのような確率変数を iid（=independent identically distributed）と呼んでいる。

この $\widetilde{L}_{Loan}(1)$ の期待値（μ）と分散（σ^2）を計算すると次のようになる。

$$\mu = EL = \sum_{i=1}^{n} \frac{X_{Total}}{n} \cdot (1-\theta) \cdot E\left[\widetilde{H}_i(1)\right] = X_{Total} \cdot (1-\theta) \cdot \lambda \tag{43}$$

$$\sigma^2 = \sum_{i=1}^{n} \left(\frac{X_{Total}}{n}\right)^2 \cdot (1-\theta)^2 \cdot V\left[\widetilde{H}_i(1)\right] = \frac{X_{Total}^2 \cdot (1-\theta)^2}{n} \cdot \lambda \cdot (1-\lambda) \tag{44}$$

分布が正規分布で近似できるとすれば，UL_α は定数（ϕ_α）と標準偏差（σ）によって次のように表される。

$$UL_\alpha = \phi_\alpha \cdot \sigma = \phi_\alpha \cdot X_{Total} \cdot (1-\theta) \cdot \sqrt{\frac{\lambda \cdot (1-\lambda)}{n}} \tag{45}$$

ここで貸出ポートフォリオの総額（X_{Total}）を変えずに貸出社数（n）を増加させると，1社への貸出金額が小さくなって貸出の分散化が進むことになる。上式において $n \to \infty$ とすれば，EL は変わらないが UL_α は小さくなっていくことがわかる。

$$EL = X_{Total} \cdot (1-\theta) \cdot \lambda \qquad (n \to \infty) \tag{46}$$

$$UL_\alpha = \phi_\alpha \cdot X_{Total} \cdot (1-\theta) \cdot \sqrt{\frac{\lambda \cdot (1-\lambda)}{n}} \to 0 \qquad (n \to \infty) \tag{47}$$

貸出ポートフォリオが，（正規分布で近似できるぐらいに）十分に分散化されていることを前提に，UL_α を当初配布資本（$W_{Loan}(0)$）以下に抑えるための条件は次のようになる。

$$UL_\alpha = \phi_\alpha \cdot X_{Total} \cdot (1-\theta) \sqrt{\frac{\lambda \cdot (1-\lambda)}{n}} \le W_{Loan}(0) \tag{48}$$

これを n について解くと，

$$n \ge \frac{\phi_\alpha^2 \cdot X_{Loan}^2 \cdot (1-\theta)^2}{W_{Loan}(0)^2} \cdot \lambda \cdot (1-\lambda) \tag{49}$$

この(49)式の右辺の値が，損失額抑制のための「必要分散社数」である。

$$n_{Min} = \frac{\phi_\alpha^2 \cdot X_{Loan}^2 \cdot (1-\theta)^2}{W_{Loan}(0)^2} \cdot \lambda \cdot (1-\lambda) \tag{50}$$

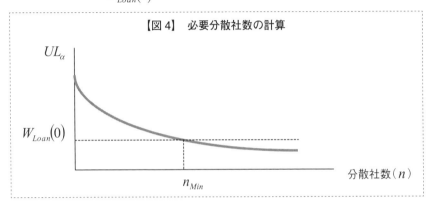

【図4】　必要分散社数の計算

2.4.2　与信上限設定による損失発生額の抑制

次に，均一貸出ポートフォリオの条件を少しだけ緩めて次のように設定する。

1)　各取引先に対する貸出額に上限(M)が設定されていて，期中に残高が不変

2)　各取引先のデフォルト率(λ)，回収率(θ)が同一

3)　各取引先のデフォルトは相互に独立に発生する

貸出ポートフォリオからの貸倒損失額発生の可能性を，

$$X_{Total} = \sum_{i=1}^{n} X_i , \quad 0 \le X_i \le M \tag{51}$$

の制約の下で，$UL_\alpha < W_{Loan}(0)$ となるようにすることがこの節の目標である。

上記ポートフォリオから発生する貸倒損失額の分散は，以下のように表され

る。

$$V\left[\widetilde{L}_{Total}(1)\right] = \sum_{i=1}^{n} a \cdot X_i^2$$

$$\text{但し，} \quad a = \lambda \cdot (1-\lambda) \tag{52}$$

したがって，その最大値の与える点は，下記の領域 Ω 内で，

$$\Omega = \left\{ (X_1, \cdots, X_n); 0 \leqq X_i \leq M(i=1,\cdots,n), \sum_{i=1}^{n} X_i = X_{Total} \right\} \tag{53}$$

次の関数 $f(X_1, \cdots, X_n)$ の値が最大値となるような点である(注1)。

$$f(X_1, \cdots, X_n) = \sum_{i=1}^{n} a \cdot X_i^2 \tag{54}$$

その点は，たとえば次のような点で発生する(証明略)。

$$\left(M, \cdots, M, X_{Total} - \left| \frac{X_{Total}}{M} \right| \cdot M, 0, \cdots, 0 \right) \tag{55}$$

（注）　実数 $x \in R$ に対して，$|x|$ はその整数部分を表すものとする。

(注1)　2次元($n=2$)で考えると，
$$0 \leqq X_1 \leq M, \quad 0 \leqq X_2 \leq M, \quad X_1 + X_2 = X_{Total} \quad (\#)$$
の制約条件の下で，$f(X_1, X_2) = a \cdot (X_1^2 + X_2^2)$ を最大にするような (X_1, X_2) を求めるということである。

#の満たす領域は下図のような範囲である。

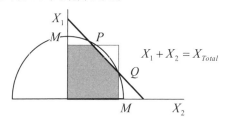

幾何学的に考えれば，この領域内の点で半径を最大にするような円を求めることと同値である。それは点 P，Q で実現する。

(注)　$X_{Total} = M + \cdots + M + \left(X_{Total} - \left| \dfrac{X_{Total}}{M} \right| \cdot M \right) + 0 + \cdots + 0$

仮に，M に欠ける貸出の残高を埋めて $(M, M, \cdots, M, 0, \cdots, 0)$ という貸出ポートフォリオを考えると，これは均一貸出ポートフォリオであるが，総貸出残高 X_{Total}^M は X_{Total} 以上となり，その UL_α は(55)式で示した貸出ポートフォリオよりも大きくなる。

$$X_{Total}^M = M \cdot \left(\left| \dfrac{X_{Total}}{M} \right| + 1 \right) \geq X_{Total} \tag{56}$$

この均質貸出ポートフォリオに，前節(49)式の最小分散社数の条件を適用すれば，その UL_α は $W_{Loan}(0)$ で抑えられ，したがって，それよりも小さい(55)式の貸出ポートフォリオの UL_α や，さらに小さい一般貸出ポートフォリオの UL_α も $W_{Loan}(0)$ で抑えられる。

$$\left| \dfrac{X_{Total}}{M} \right| + 1 \geq \dfrac{X_{Total}}{M} \geq n_{Min} = \dfrac{\phi_\alpha^2 \cdot X_{Total}^2 \cdot (1-\theta)^2 \cdot \lambda \cdot (1-\lambda)}{W_{Loan}(0)^2} \tag{57}$$

であるから，(57)式の右側の不等式を M について解くと次の十分条件が得られる。

$$M \leq \dfrac{W_{Loan}(0)^2}{\phi_\alpha^2 \cdot X_{Total} \cdot (1-\theta)^2 \cdot \lambda \cdot (1-\lambda)} \tag{58}$$

この式によって，デフォルト率が均一 (λ) の場合の与信上限が得られる。

2.4.3　格付別与信上限の設定

さらに，格付別にデフォルト確率 $\lambda_k (k=1, \cdots, K)$ が異なる貸出ポートフォリオへの与信上限設定について考えてみよう。

$$X_{Total} = \sum_{i=1}^{n} X_i = \sum_{k=1}^{K} \left(\sum_{i \in I_k} X_i \right) \tag{59}$$

但し，I_k は格付 k の取引先集合

引き続き回収率(θ)は同一で，デフォルト相互には独立に発生するとする。このとき，貸倒損失額($\widetilde{L}_{Total}(1)$)の分散は，確率変数 $\widetilde{H}_i(1)$ が相互に独立であるから以下のように計算される。

$$V[\tilde{L}_{Total}(1)] = \sum_{i=1}^{K}\left(\sum_{i \in I_k} \lambda_k(1-\lambda_k) \cdot X_i^2 \cdot (1-\theta)^2\right) \tag{60}$$

そこで，次のように格付別に貸出ポートフォリオを分けて考え，

$$\begin{aligned} X_{Total} &= X_{Total}^1 + \cdots + X_{Total}^K \\ &= w_1 \cdot X_{Total} + \cdots + w_K \cdot X_{Total}, \quad w_1 + \cdots + w_K = 1 \end{aligned} \tag{61}$$

各格付の貸出ポートフォリオから発生する貸倒損失額 $\widetilde{L}_{Total}^k(1)$ の，信頼度 α の下での最大値

$$\phi_\alpha \cdot \sqrt{V\left[\widetilde{L}_{Total}^k(1)\right]} \tag{62}$$

を，それぞれ対応する配布資本 $\sqrt{w_k}W_{Loan}(0)$ でカバーできるようにしたい。

すなわち，

$$\begin{aligned} W_{Loan}(0)^2 &= W_{Loan}^1(0)^2 + \cdots + W_{Loan}^K(0)^2 \\ &= w_1 \cdot W_{Loan}(0)^2 + \cdots + w_K \cdot W_{Loan}(0)^2, \quad w_1 + \cdots + w_K = 1 \end{aligned} \tag{63}$$

これは，総残高 $X_{Total}^k (k=1,\cdots,K)$ の，デフォルト率が一定の貸出ポートフォリオに，配付資本 $\sqrt{w_k}W_{Loan}(0)$ によって与信上限 M_k を設定する問題である。

2.4.2 の結果に $W_{Loan}(0) \leftarrow \sqrt{w_k}W_{Loan}(0)$，$X_{Total} \leftarrow w_k X_{Total}$ を代入すると，M_k は次のように計算される。かなり強い十分条件である。

$$M_k \leq \frac{W_{Loan}(0)^2}{\phi_\alpha^2 \cdot X_{Total} \cdot (1-\theta)^2 \cdot \lambda_k \cdot (1-\lambda_k)} \tag{64}$$

（演習 4）　格付別与信上限をこのように設定することによって，貸出ポートフォ
　　　　　　リオ全体から発生する貸倒損失は，信頼度 a の下で期初配布資本額
　　　　　　$(W_{Loan}(0))$ でカバーできることを示せ。

2.5　デフォルト発生メカニズムのモデル化

これまでの議論では，貸倒損失額の発生メカニズムに触れることなく，結果
としての貸倒れ発生とその発生確率のみを記述した。

$$\widetilde{H}_i(s) = \begin{cases} 1 \cdots & default \\ 0 \cdots & not-default \end{cases} \tag{6}$$

時点 s でデフォルトではない状態 $(H_i(s)=0)$ で，次の瞬間 $s+ds$ にデフォ
ルトする確率は $\lambda_{R(i)} \cdot ds$ であるとした（$R(i)$ は取引先 i の格付を表わす）。

$$\widetilde{H}_i(s+ds)\big|_{H_i(s)=0} = \begin{cases} 1 \cdots & \lambda_{R(i)} \cdot ds \\ 0 \cdots & 1-\lambda_{R(i)} \cdot ds \end{cases} \tag{7}$$

前節で，「損失発生額を制御する条件」を導出する際に，簡単な均等与信ポ
ートフォリオから始めて少しずつ前提を緩めていったが，最後まで残ったのが
「各取引先のデフォルトが独立に発生する」という前提であった。

ここでデフォルト発生のメカニズムをモデル化して，各取引先のデフォルト
発生が連動する様子を議論することができるようにしよう。

2.5.1　企業価値モデル

取引先 i の期中時点 s での資産価値 $\widetilde{A}_i(s)$ が次のように変化すると仮定し，
デフォルトは資産価値が一定値 (K_i) を下回ることによって発生すると仮定す
る[注2]。

$$\widetilde{A}_i(s) = A_i(0) + \alpha_i \cdot s + {}^t\beta_{S(i)} \cdot \widetilde{f}(s) + \sigma_i \cdot \widetilde{\varepsilon}_i(s) \tag{65}$$

但し，$A_i(0)$：取引先 i の期初の資産価値

$\widetilde{f}(s)$：全取引先に共通の資産価値変動要因（共通因子）

（共通因子への感応は取引先 i の属するセクター $s(i)$ によるとする）

$\widetilde{\varepsilon}_i(s)$：取引先 i に特有の資産価値変動要因（個別因子）

$$\widetilde{H}_i(s) = I\left\{\widetilde{A}_i(s) < K_i\right\} = \begin{cases} 1 & \left(\widetilde{A}_i(s) < K_i\right) & default \\ 0 & \left(\widetilde{A}_i(s) \geq K_i\right) & not-default \end{cases} \qquad (66)$$

このモデルは，確率的に変動する企業の資産価値（$\widetilde{A}_i(s)$）が負債額（K_i）を下回ったらデフォルトするということを表したものである（【図5】参照）。

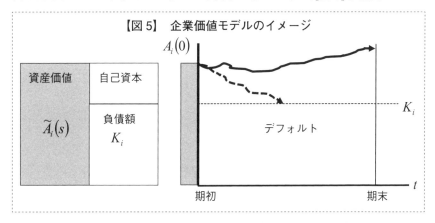

【図5】　企業価値モデルのイメージ

信用リスク管理では，この企業価値モデルを管理の目的に合うように次のように規格化して使用する。

・$\widetilde{f}(s)$　：$f(0)=0$，$d\widetilde{f}(s) \sim N(0,ds)$ （標準ブラウン運動）　　(67)

・$\widetilde{\varepsilon}_i(s)$　：$\varepsilon_i(0)=0$，$d\widetilde{\varepsilon}_i(s) \sim N(0,ds)$ （標準ブラウン運動）　　(68)

・$d\widetilde{f}(s)$ と $\{d\widetilde{\varepsilon}_i(s)\}$ は独立 $(i=1,\cdots,n)$，$\{d\widetilde{\varepsilon}_i(s)\}(i=1,\cdots,n)$ は相互に独立

・${}^t\beta_{s(i)} \cdot d\widetilde{f}(s) + \sigma_i \cdot d\widetilde{\varepsilon}_i(s) \sim N(0,ds)$ （標準ブラウン運動）　　(69)

（注2）　このような形のモデルは，企業価値モデル（Firm Value Model）とか，構造型モデル（Structural Model）と呼ばれている。

（注）　$E\left[{}^{t}\beta_{S(t)} \cdot d\tilde{f}(s) + \sigma_i \cdot d\tilde{\varepsilon}_i(s)\right] = 0$ であるから，この条件は，
${}^{t}\beta_{S(i)} \cdot \beta_{S(i)} + \sigma_i^2 = 1$ となるように規格化することと同値である。

$$\cdot E\left[\tilde{H}_i(1)\right] = \mathrm{Prob}\left[A_i(0) + \alpha_i + \left({}^{t}\beta_{S(i)} \cdot \tilde{f}(1) + \sigma_i \cdot \tilde{\varepsilon}_i(1)\right) \le K_i\right]$$

$$= \mathrm{Prob}\left[\left({}^{t}\beta_{S(i)} \cdot \tilde{f}(1) + \sigma_i \cdot \tilde{\varepsilon}_i(1)\right) \le K_i - A_i(0) - \alpha_i\right] = \lambda_{R(i)} \quad (70)$$

（注）　${}^{t}\beta_{S(i)} \cdot \tilde{f}(1) + \sigma_i \cdot \tilde{\varepsilon}_i(1)$ が標準正規分布に従うことを考えると，上記は
$K_i - A_i(0) - \alpha_i = \Phi^{-1}\left(\lambda_{R(i)}\right)$ と設定することと同値である。

　すなわち，ここでは元の企業価値モデルから離れて，当該取引先のデフォルト確率($\lambda_{R(i)}$)を再現し，かつ取引先間のデフォルト連動関係を表現するような「デフォルト発生装置」として使用するのである。
　モデルを書き換えると次のようになる。

$$\tilde{H}_i(1) = I\left\{\tilde{A}_i(1) < K_i\right\}$$

$$= I\left\{\tilde{A}_i(0) + \alpha_i + \left({}^{t}\beta_{S(i)} \cdot \tilde{f}(1) + \sigma_i \cdot \tilde{\varepsilon}_i(1)\right) < K_i\right\}$$

$$= I\left\{\left(K_i - A_i(0) - \alpha_i\right) - {}^{t}\beta_{S(i)} \cdot \tilde{f}(1) > \sigma_i \cdot \tilde{\varepsilon}_i(1)\right\}$$

$$= I\left\{\frac{\Phi^{-1}\left(\lambda_{R(i)}\right)}{\sigma_i} - \frac{{}^{t}\beta_{S(i)}}{\sigma_i} \cdot \tilde{f}(1) > \tilde{\varepsilon}_i(1)\right\}$$

$$= I\left\{a_{R(i)} - {}^{t}b_{S(i)} \cdot \tilde{f}(1) > \tilde{\varepsilon}_i(1)\right\} \quad (71)$$

但し，$a_{R(i)} = \dfrac{\Phi^{-1}\left(\lambda_{R(i)}\right)}{\sigma_i}, \qquad {}^{t}b_{S(i)} = \dfrac{{}^{t}\beta_{S(i)}}{\sigma_i}$

（注）　デフォルト発生のセクター間の連動性等を観測して，${}^{t}\beta_{S(i)}$，σ_i を決定する

（それによって ${}^t b_{S(i)}$ が決定する）。当該企業の格付から $\Phi^{-1}\!\left(\lambda_{R(i)}\right)$ を決定する（それによって $a_{R(i)}$ が決定する）。

2.5.2　条件付き貸倒損失額の計算

上記(71)式によると，期間中の取引先のデフォルトは共通因子 $\left(\widetilde{f}(1)\right)$ と個別因子 $\left(\widetilde{\varepsilon}_i(1)\right)$ による不確実事象で，貸倒損失額もそれらの影響を受ける。

$$
\begin{aligned}
\widetilde{L}_{Loan}(1) &= \sum_{i=1}^n X_i\!\left(\widetilde{\tau}_i\right)\cdot\left(1-\theta_i\right)\cdot\widetilde{H}_i(1) \\
&= \sum_{i=1}^n X_i\!\left(\widetilde{\tau}_i\right)\cdot\left(1-\theta_i\right)\cdot I\!\left\{a_{R(i)}-{}^t b_{S(i)}\cdot\widetilde{f}(1)>\widetilde{\varepsilon}_i(1)\right\}
\end{aligned}
\tag{72}
$$

期待値は次のように計算される。

$$
E\!\left[\widetilde{L}_{Loan}(1)\right]=\sum_{i=1}^n \overline{X}_i\cdot\left(1-\theta_i\right)\cdot\lambda_{R(i)}
\tag{73}
$$

（演習5）　期待値が(73)式になることを示せ。

次に，分散を計算しよう。分散を計算するのに共通因子が $\widetilde{f}(1)=f$ で実現したとする場合の条件付き貸倒損失額を $\widetilde{L}_{Loan}(1)|f$ で表すとすると，

$$
\widetilde{L}_{Loan}(1)|f = \sum_{i=1}^n X_i\cdot\left(1-\theta_i\right)\cdot I\!\left\{a_{R(i)}-{}^t b_{S(i)}\cdot f>\widetilde{\varepsilon}_i(1)\right\}
\tag{74}
$$

但し，簡単のために残高は期中に不変 $\left(X_i(t)=X_i\right)$ とする。

であるから，不確実性要因は個別因子 $\widetilde{\varepsilon}_i(1)$ のみとなり，(74)式の各項は独立となる。

この事実と条件付き確率の連鎖法則(Chain Rule)（下記(75)式）を利用して，分散の計算を2段階で行うことにしよう。

$$
V_{f,\varepsilon}\!\left[\widetilde{L}_{Loan}(1)\right]=E_f\!\left[V_\varepsilon\!\left[\widetilde{L}_{Loan}(1)|f\right]\right]+V_f\!\left[E_\varepsilon\!\left[\widetilde{L}_{Loan}(1)|f\right]\right]
\tag{75}
$$

$$E_\varepsilon\left[\widetilde{L}_{Loan}(1)\middle|f\right]=\sum_{i=1}^{n}X_i\cdot(1-\theta_i)\cdot E_\varepsilon\left[I\left\{a_{R(i)}-{}^{t}b_{S(i)}\cdot f>\widetilde{\varepsilon}_i(1)\right\}\right]$$

$$=\sum_{i=1}^{n}X_i\cdot(1-\theta_i)\cdot\Phi_\varepsilon\left(a_{R(i)}-{}^{t}b_{S(i)}\cdot f\right)$$

$$=\sum_{i=1}^{n}X_i\cdot(1-\theta_i)\cdot\lambda_{R(i)|f} \qquad (76)$$

$$V_\varepsilon\left[\widetilde{L}_{Loan}(1)\middle|f\right]=\sum_{i=1}^{n}X_i^2\cdot(1-\theta_i)^2\cdot V_\varepsilon\left[I\left\{a_{R(i)}-{}^{t}b_{S(i)}\cdot f>\widetilde{\varepsilon}_i(1)\right\}\right]$$

$$=\sum_{i=1}^{n}X_i^2\cdot(1-\theta_i)^2\cdot\Phi_\varepsilon\left(a_{R(i)}-{}^{t}b_{S(i)}\cdot f\right)\cdot\left(1-\Phi_\varepsilon\left(a_{R(i)}-{}^{t}b_{S(i)}\cdot f\right)\right)$$

$$=\sum_{i=1}^{n}X_i^2\cdot(1-\theta_i)^2\cdot\lambda_{R(i)|f}\cdot\left(1-\lambda_{R(i)|f}\right)$$

$$=\sum_{i=1}^{n}X_i^2\cdot(1-\theta_i)^2\cdot\left(\frac{1}{4}-\left(\lambda_{R(i)}-\frac{1}{2}\right)^2\right)<\frac{1}{4}\cdot X_{Total}^2\sum_{i=1}^{n}w_i^2 \quad (77)$$

但し，$w_i=X_i/X_{Total}$（貸出 X_i の構成比）

　したがって，$\widetilde{f}$ と $\widetilde{\varepsilon}=\left(\widetilde{\varepsilon}_i\right)$ がともに不確実な場合の貸倒損失の分散は，(75)式に(76)式と(77)式を代入して以下のように計算される。

$$V_{f,\varepsilon}\left[\widetilde{L}_{Loan}(1)\right]=E_f\left[V_\varepsilon\left[\widetilde{L}_{Loan}(1)\middle|f\right]\right]+V_f\left[E_\varepsilon\left[\widetilde{L}_{Loan}(1)\middle|f\right]\right]$$

$$=\sum_{i=1}^{n}X_i^2\cdot(1-\theta_i)^2\cdot E_f\left[\lambda_{R(i)|f}\cdot\left(1-\lambda_{R(i)|f}\right)\right]$$

$$+V_f\left[\sum_{i=1}^{n}X_i\cdot(1-\theta_i)\cdot\lambda_{R(i)|f}\right] \qquad (78)$$

　(78)式の第一項は，ポートフォリオ構成（$\sum_{i=1}^{n}w_i^2$）を制御することによって抑制することができる。2.4 で議論した与信上限の設定による制御がそれに当る。この第一項を「**分散可能リスク**」と呼んでいる。

(78)式の第二項は，共通因子 f の変動によってデフォルト確率 $\lambda_{R(i)f}$ が変動することに起因する。このリスクはすべての取引先に一斉に影響するために，与信分散によって回避することができない。この第二項を**「分散不能リスク」**と呼んでいる。

この分散不能リスクの内容を理解するために，業種別デフォルト率の時系列変動の様子を見てみよう。

2.5.3　業種別デフォルト率の変動

【図6】は，1985年から2007年の建設業，卸小売業，金融業，不動産業の年間デフォルト率の推移を表している。

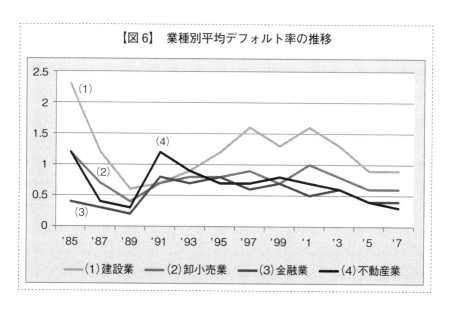

【図6】　業種別平均デフォルト率の推移

これらの業種（セグメント：S）別のデフォルト率変動が，次のような共通因子によって引き起こされていると仮定する。

$$d\tilde{\lambda}_{S|f} = b_{S,1} \cdot \tilde{f}_1 + b_{S,2} \cdot \tilde{f}_2 + \tilde{\delta}_S \tag{79}$$

但し，$\tilde{f}_1$，$\tilde{f}_2$：共通因子，$\tilde{\delta}_S$：残余項

　因子分析によって，共通因子 $\widetilde{f}_1$，$\widetilde{f}_2$ と係数 $b_{S,1}$，$b_{S,2}$ を求めると【図7】および【表1】のようになる。

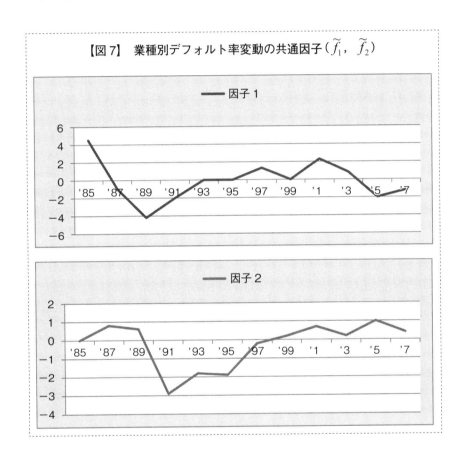

【図7】　業種別デフォルト率変動の共通因子（$\widetilde{f}_1$，$\widetilde{f}_2$）

【表1】 セグメント（業種）別因子係数（$b_{S,1}$, $b_{S,2}$）

業　種	因子1（$b_{S,1}$）	因子2（$b_{S,2}$）
農業・林業・漁業	0.55	− 0.49
鉱業	0.85	0.38
建設業	0.95	0.11
食料品	0.88	0.33
繊維	0.71	0.41
出版	0.74	0.45
化学	0.73	0.45
皮革	0.96	0.23
鉄鋼業	0.95	0.15
金属	0.97	0.10
機械	0.85	0.20
電気機器	0.89	0.27
輸送用機器	0.92	− 0.05
精密機械	0.93	0.25
その他製造業	0.95	0.18
卸・小売業	0.92	0.34
金融保険業	0.16	0.90
不動産業	0.33	0.83
運輸通信業	0.88	0.39
電気・ガス・水道	− 0.06	0.53
サービス業	0.86	0.46

　　因子1（$\widetilde{f_1}$）は日経平均の動きに類似しており，また因子2（$\widetilde{f_2}$）は時期によって金利の動きや不動産価格の動きに類似していることがわかった。

　　この係数を2次元のグラフにプロットすると【図8】のようになる。

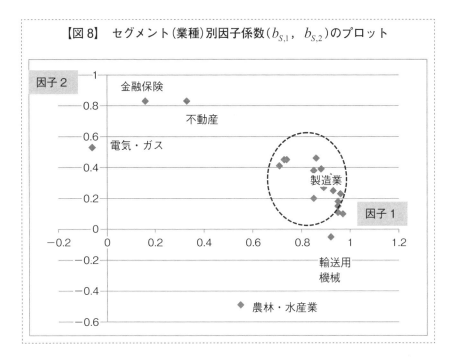

【図8】　セグメント（業種）別因子係数（$b_{S,1}$，$b_{S,2}$）のプロット

2.5.4　分散不能リスクの制御

　貸出ポートフォリオから発生する貸倒損失の分散不能リスク（下記(80)式）に，2.5.3 の結果を適用してみよう。

$$V_f\left[\sum_{i=1}^{n} X_i \cdot (1-\theta_i) \cdot \widetilde{\lambda}_{R(i)|f}\right] \tag{80}$$

　格付別デフォルト率（$\lambda_{R(i)|f}$）は，取引先（i）が属するセグメント（業種や地域）毎に，共通因子（$f=(f_1, f_2)$）によって次のように変動するとする。

$$\widetilde{\lambda}_{R(i)|f} = \lambda_{R,S|\widetilde{f}} = \lambda_R + b_{S,1} \cdot \widetilde{f}_1 + b_{S,2} \cdot \widetilde{f}_2 + \widetilde{\delta}_S \tag{81}$$

　　　　但し，λ_R：格付（R）によって決まる水準とする。

　これを(80)式に代入する。

$$\sum_{i=1}^{n} X_i \cdot (1-\theta_i) \cdot \lambda_{R(i)|\tilde{f}} = \sum_{s=1}^{S} \left(\sum_{S(i)=s} X_i \cdot (1-\theta_i) \right) \cdot \lambda_{R(i),S(i)|\tilde{f}}$$

$$= \sum_{s=1}^{S} Z_s \cdot \left(b_{s,1} \cdot \tilde{f}_1 + b_{s,2} \cdot \tilde{f}_2 + \tilde{\delta}_s \right) \quad \text{但し,} \quad Z_s = \sum_{S(i)=s} X_i \cdot (1-\theta_i)$$

$$= \left(\sum_{s=1}^{S} Z_s \cdot b_{s,1} \right) \cdot \tilde{f}_1 + \left(\sum_{s=1}^{S} Z_s \cdot b_{s,2} \right) \cdot \tilde{f}_2 + \sum_{s=1}^{S} Z_s \cdot \tilde{\delta}_s \quad (82)$$

因子分析で得られる共通因子 $(\tilde{f}_1, \tilde{f}_2)$ が互いに直交するように選べば,貸出ポートフォリオの分散不能リスクは次のように計算される。

$$V_f \left[\sum_{i=1}^{n} X_i \cdot (1-\theta_i) \cdot \tilde{\lambda}_{R(i)|f} \right]$$

$$= \left(\sum_{s=1}^{S} Z_s b_{s,1} \right)^2 V[\tilde{f}_1] + \left(\sum_{s=1}^{S} Z_s b_{s,2} \right)^2 V[\tilde{f}_2] + \sum_{s=1}^{S} Z_s^2 V[\tilde{\delta}_s]$$

$$(83)$$

(**演習6**) この結果を貸出ポートフォリオの信用リスク管理に利用するとすれば,どのようにすればよいかを考えてみよう。

　・期初に配布された自己資本 $W_{Loan}(0)$ を,分散可能リスクと分散不能リスクに分配して管理する方法

　・セグメント(業種・地域)別に与信上限を設定する方法

　などについて考察せよ。

【補足事項❶】——————信用リスク制御の考え方

　第２章で考察した貸出部門の管理(信用リスクの制御)は，次のような考え方によって行った。

(1)　貸出部門の損益は以下のように計算される。

　　　貸出損益　＝　利鞘額　－　経費　－　貸倒損失※

(※不確実性のある部分)

(2)　これを平均的に発生する状態とそこからの乖離に分解する。

　　　貸出損益　＝(利鞘額　－　経費　－　EL)　－　(貸倒損失※　－　EL)

　　　　　　　　　　＜平均的な状態＞　　　　　　＜そこからの乖離＞

　　　　(注)　EL は貸倒損失※の期待値である。

(3)　＜平均的な状態＞は「リスク調整後損益」と呼ばれ，これをプラスにすることが第一目標である。

　　　リスク調整後損益　＝　利鞘額　－　経費　－　EL　＞　0

　　　そのための制御方法が「プライシング・ガイドライン」である。

(4)　＜そこからの乖離＞を一定の信頼度αで算定したのがUL_αであり，これを期初配布資本$W_{Loan}(0)$の範囲に抑えることが第二目標である。

$$UL_\alpha \ < \ W_{Loan}(0)$$

　　　そのための制御方法が「格付別の与信上限」(分散可能リスクの軽減)や「セグメント別の与信上限」(分散不能リスクの軽減)である。

　　　しかし，これらはいずれも貸出実施時に行う「予防的な制御方法」である。貸出実施後に行う「直接的なリスク(収益性)修正方法」には次のような方法がある。

(5)　＜平均的な状態＞の修正としては，2.3.3で考察した以下のものがある。

・資金調達コストの低減

・営業コストの低減

・担保や保証の見直し

・取引先へのアドバイス等による格付改善

・銀行全体の収益性安定化による資本コスト率の低減　など

(6)　＜そこからの乖離＞の内，分散可能リスクに対しては次のような軽減方法がある。

・証券化等による貸出債権の流動化

・CDSによるヘッジ

(7)　＜そこからの乖離＞の内，分散不能リスクには，① PD（デフォルト率）が一斉に変動する影響，② EAD（与信価値）が一斉に変動する影響，③ LGD（回収率）が一斉に変動する影響などが考えられる。

それぞれに対して，たとえば次のような軽減方法が考えられる。

①　PD　　株式先物のショートポジション構成によるヘッジ

②　EAD　デリバティブのネッティング契約締結

③　LGD　担保価値のヘッジ

【補足事項❷】—————判別分析と格付モデル

　多変量解析の手法は，銀行業務では1970年代の頃から試験的に使用され始めた。

　なかでも財務分析の分野では，様々な財務指標の特性を分析（因子分析）したり，取引先の財務構造を総合するような指標の構築（主成分分析）が行われた。また，企業への融資の可否を判断する目的で判別分析が試された。

　以下では，融資判断に使われた判別分析の考え方を示す。

(1)　企業への融資判断に有効な財務指標ベクトルを x とする。

$$x = \left(x_1, \cdots x_K \right)$$

(2)　企業は優良企業群（G）と問題企業群（B）に x の分布が分かれているとする（【図9】参照）。

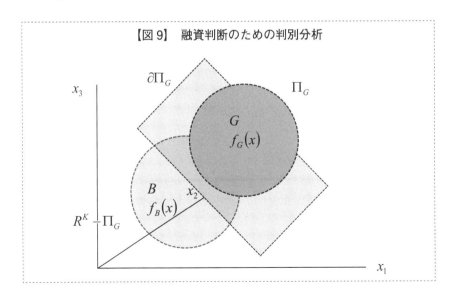

【図9】　融資判断のための判別分析

優良企業群（G）：分布密度関数 $f_G(x)$

問題企業群（B）：分布密度関数 $f_B(x)$

(3) この空間を超曲面（$\partial\Pi_G$）によって2つの領域に分けたい。

優良企業の領域：Π_G

問題企業の領域：$R^K - \Pi_G$

(4) 機械的にこのように領域を分割して判定すると次の2種類の過誤が発生する。

本来は優良企業を問題企業と判定する過誤

その確率は，$I = \int_{R^K - \Pi_G} f_G(x) \cdot dx$

本来は問題企業を優良企業と判定する過誤

その確率は，$J = \int_{\Pi_G} f_B(x) \cdot dx$

(5) この2種類の過誤の合計を最小にするように領域を分けたい。

$$I + J = \int_{R^K - \Pi_G} f_G(x) \cdot dx + \int_{\Pi_G} f_B(x) \cdot dx$$

$$= 1 - \int_{\Pi_G} \left(f_G(x) - f_B(x) \right) \cdot dx \tag{84}$$

であるから，関数 $f_G(x) - f_B(x)$ が連続関数であるとすると，

$f_G(x) - f_B(x) > 0$　ならば，領域 Π_G を微小に拡大し，

$f_G(x) - f_B(x) < 0$　ならば，領域 Π_G を微小に縮小する

ことによって，過誤の合計（(84)式）をさらに小さくすることができる。

したがって，領域の境界（$\partial\Pi_G$）は次式で与えられることがわかる。

$$\partial\Pi_G : f_G(x) - f_B(x) = 0 \tag{85}$$

(6) ここで，密度関数 $f_G(x)$，$f_B(x)$ に正規性の仮定と等分散の仮定を置く。

すなわち，G も B も多変量正規分布に従うとし，その分散共分散行列（Γ）が等しいと仮定する。

優良企業群：$G \sim N(\mu_G, \Gamma)$

問題企業群：$B \sim N(\mu_B, \Gamma)$

分布密度関数を表示すると次のようになる。

$$優良企業群：f_G(x)=(2\pi)^{-\frac{K}{2}}\left|\Gamma^{-1}\right|^{\frac{1}{2}}\exp\left(-\frac{1}{2}{}^t(x-\mu_G)\cdot\Gamma^{-1}\cdot(x-\mu_G)\right)$$

$$問題企業群：f_B(x)=(2\pi)^{-\frac{K}{2}}\left|\Gamma^{-1}\right|^{\frac{1}{2}}\exp\left(-\frac{1}{2}{}^t(x-\mu_B)\cdot\Gamma^{-1}\cdot(x-\mu_B)\right)$$

(7)　領域の境界$(\partial\Pi_G)$を表す式((85)式)に代入し，

$$\partial\Pi_G：f_G(x)-f_B(x)=0 \tag{85}$$

exp の前に掛かる係数が等しく，exp が単調関数であることを考慮すると，次式が得られる。

$${}^t(x-\mu_G)\cdot\Gamma^{-1}\cdot(x-\mu_G)={}^t(x-\mu_B)\cdot\Gamma^{-1}\cdot(x-\mu_B) \tag{86}$$

左右の2次の項が等しいので打ち消し合って，整理すると，$\partial\Pi_G$を定義する次式が得られる。

$$D(x)={}^t(\mu_G-\mu_B)\cdot\Gamma^{-1}\cdot x-\frac{1}{2}\left({}^t\mu_G\cdot\Gamma^{-1}\cdot\mu_G-{}^t\mu_B\cdot\Gamma^{-1}\cdot\mu_B\right)=0 \tag{87}$$

(8)　この$D(x)$を判別関数と呼んで，融資判断を次のような形で行う。

$D(x)>g>0$　→　融資実行

$D(x)<b<0$　→　融資見送り

$g>D(x)>b$　→　別途判断

そのような境界(g,b)を設定して融資判断をする。

(9)　さらに，$D(x)$の値をいくつかのゾーンに分けて，取引先の格付付与に利用する。

取引先hの財務指標$x^h=\left(x_1^h,\cdots,x_K^h\right)$を$D(x)$に代入して，

$D(x^h)\in\left[g_m,g_{m-1}\right)$　→　取引先hの格付は「m格」

とするような格付境界(g_m,g_{m-1})を設定する。

【章末問題】

(1)　p.44 のプライシング・ガイドライン

$$p_i(t) \geq \overline{q}_i(t) + c_i + (1 - \theta_i) \cdot \lambda_{R(i)} + \rho_{Loan} \cdot w_i(0) \tag{26}$$

と p.45 の RARoC に対する条件

$$RARoC_i = \frac{\pi_i \cdot \overline{X}_i - c_i \cdot \overline{X}_i - (1 - \theta_i) \cdot \lambda_{R(i)} \cdot \overline{X}_i}{w_i(0) \cdot \overline{X}_i} \geq \rho_{Loan} \tag{27}$$

は同値であることを説明せよ。

(2)　貸出実施後の業務改善策(p.45)は，具体的にはそれぞれのどのようなことをすればよいか。実務にそって考察せよ。

(3)　CDS による信用リスク構造の改善を実施するか否か，実施するとすれば，どの程度の金額(Y)を実施するか，について判断する基準について考察せよ。

（p.49 参照。貸出ポートフォリオ全体への効果を考える必要がある）

(4)　2.4.1 の簡単な設定において，必要分散社数を表す(50)式を導出せよ。

$$n_{Min} = \frac{\phi_\alpha^2 \cdot X_{Loan}^2 \cdot (1 - \theta)^2}{W_{Loan}(0)^2} \cdot \lambda \cdot (1 - \lambda) \tag{50}$$

（p.53 参照）

(5)　2.4.2 の与信上限設定において，デフォルト損失の分散を最大にするような貸出ポートフォリオ構成についての(注1)の考察($n = 2$)は，一般の n についても成り立つかどうかを検討せよ。

（p.54 参照。2 次関数の条件付き最大化の問題である）

(6)　p.55 の与信上限(M)を設定する考え方について説明せよ。この条件も「十分条件」であり，かなり厳しい条件となっている可能性があることを確認せ

よ。

(7)　企業価値モデルを信用リスク管理に使用する際に行った一連の規格化は，手続きとして可能であることを示せ。

(p.58，p.59 参照)

(8)　p.61 の貸出ポートフォリオから発生する貸出損失額の分散の分散可能リスクと分散不能リスクへの分解((78)式)を，順を追って説明せよ。

　　貸倒損失額が正規分布に従うことを暗黙の前提としているが，どのような場合にこの制御が成り立たないことが起こりうるか。

(9)　2.5.3 の業種別デフォルト率変動の因子分析と，p.61 の(78)式との対応関係を説明せよ。

(10)　p.71 の判別関数を導く過程において，正規性の仮定と等分散の仮定が，結果的に判別関数を 1 次関数にしていることを説明せよ。

第3章 ALM 部門の管理

「第1章　全体構想」で示したように，まず伝統的な銀行業務の損益プロセスを，内部資金システムによって貸出部門と ALM 部門に分解した。

$$d\widetilde{W}_{Total}(s) = d\widetilde{W}_{Loan}(s) + d\widetilde{W}_{ALM}(s) \tag{1}$$

$$= \sum_{i \in A} A_i(s) \cdot (\widetilde{p}_i(s) - \overline{q}_i(s)) \cdot ds - C_{Loan} \cdot ds - \sum_{i \in A} A_i(s) \cdot (1 - \theta_i) \cdot d\widetilde{H}_i(s) \quad (\text{貸出部門})$$

$$+ \sum_{i \in A} A_i(s) \cdot \overline{q}_i(s) \cdot ds - \sum_{j \in L} L_j(s) \cdot \widetilde{q}_j(s) \cdot ds - C_{ALM} \cdot ds \quad (\text{ALM 部門})$$

<u>貸出部門の損益</u>(＝利鞘)は，内部資金利率の設定を工夫することによって金利リスクを負わないようにした。

$$d\widetilde{W}_{Loan}(0) = \sum_{i \in A} A_i(s) \cdot \pi_i \cdot ds - C_{Loan} \cdot ds - \sum_{i \in A} A_i(s) \cdot (1 - \theta_i) \cdot d\widetilde{H}_i(s) \tag{2}$$

但し，$\pi_i = \widetilde{p}_i(s) - \overline{q}_i(s)$

<u>ALM 部門の損益</u>は，貸出利率に連動する内部資金利率 $\overline{q}_i(s)$ と，外部資金の利率 $\widetilde{q}_j(s)$ が必ずしも連動しないために，金利リスクを負うことになる。「金利リスクにどのように対処するべきか。」これが ALM 部門の中心課題である。まずは，その意味するところを簡単なモデルによって見てみよう。

3.1 銀行の金利リスク

3.1.1 予備検討

まず，次のような財務構造の一般事業会社について考える。

1期間モデルで考えるとすると，この事業会社の期間損益と自己資本利益率は次のように計算される。

＜期間損益＞

$$\widetilde{R} = \widetilde{P} - \widetilde{Q} = \widetilde{p} \cdot A - \widetilde{q} \cdot L \tag{3}$$

＜自己資本利益率＞

$$\widetilde{r} = \frac{\widetilde{R}}{E} = \frac{\widetilde{p} \cdot (L+E) - \widetilde{q} \cdot L}{E} = \widetilde{p} + (\widetilde{p} - \widetilde{q}) \cdot \frac{L}{E} = \widetilde{p} + (\widetilde{p} - \widetilde{q}) \cdot \lambda \tag{4}$$

自己資本利益率（$\widetilde{r}$）に登場する $\lambda = \dfrac{L}{E}$ を「レバレッジ比率」と呼ぶ。
$\widetilde{r}$ の期待値と分散を計算すると次のようになる。

＜期待値＞

$$E[\widetilde{r}] = E[\widetilde{p}] + (E[\widetilde{p}] - E[\widetilde{q}]) \cdot \lambda \tag{5}$$

＜分　散＞

$$V[\widetilde{r}] = (1+\lambda)^2 \cdot V[\widetilde{p}] + \lambda^2 \cdot V[\widetilde{q}] - 2\lambda(1-\lambda) \cdot Cov[\widetilde{p}, \widetilde{q}] \tag{6}$$

この＜期待値＞と＜分散＞の計算から次のようなことがわかる。

(A)　$E[\tilde{p}]-E[\tilde{q}]>0$ ならば，レバレッジ比率 λ を高めることで，自己資本利益率の期待値を高めることができる（レバレッジ効果）。

(B)　しかし，事業収益率 $\tilde{p}$ と支払利子率 $\tilde{q}$ が相互に関係なく変動するならば，レバレッジ比率を高めることによって分散（＝リスク）も大きくなる。たとえば，$Cov[\tilde{p},\tilde{q}]=0$ ならば，

$$V[\tilde{r}]=(1+\lambda)^2 \cdot V[\tilde{p}]+\lambda^2 \cdot V[\tilde{q}] \tag{7}$$

しかし，銀行の場合には $\tilde{p}$ も $\tilde{q}$ も金利であるから，変動の相関は高そうである。

たとえば，$Cov[\tilde{p},\tilde{q}]=\sqrt{V[\tilde{p}]}\sqrt{V[\tilde{q}]}$（$\tilde{p}$ と $\tilde{q}$ の相関係数が 1）ならば，

$$V[\tilde{r}]=\left((1+\lambda)\sqrt{\tilde{p}}-\lambda\sqrt{\tilde{q}}\right)^2 \tag{8}$$

すなわち，上式の（　）の中を 0 に近づければ，分散は小さく抑えられそうである。

これが ALM 部門における金利リスク管理の主要テーマである。

（演習 1）　この予備検討の内容を自らの言葉で説明せよ。

3.1.2　GAP 分析

銀行の資産側の金利と負債側の金利の変動性の違いを小さく抑えることを目的として，最初に考えられた方法が GAP 分析である。まずはこれから見てみよう。

(1)　期初における資産・負債・資本の残高を次のように置く。

$$A(0)=L(0)+E(0) \tag{9}$$

時間が経過すると，それぞれの残高は変化するが，常に以下のバランスは保たれる。

$$A(t) = L(t) + E(t), \quad 0 \leq t \leq 1 \tag{10}$$

(2) 資産・負債に対して，期初に適用されていた金利がそのまま適用される残高は，契約の満期や金利更改によって減少していき，そこに新規取引の残高や金利更改によって新たな金利が適用される残高が入ってくる。

そこで，時点 $t\,(0 \leq t \leq 1)$ の資産残高 $(A(t))$ のうち，期初と同じ金利が適用される残高を $A_0(t)$，新規貸出や金利更改で新しい金利が適用される残高を $A_1(t)$ で表すことにする。同様に負債残高 $(L(t))$ についても2つの残高に分けて考える。資本 $(E(t))$ は，期初と変わらないとする。

$$\left. \begin{array}{l} A(t) = A_0(t) + A_1(t) \\ L(t) = L_0(t) + L_1(t) \\ E(t) = E(0) \end{array} \right\} \tag{11}$$

$A_0(t), L_0(t)$ に適用される残高平均金利を $p_0(t), q_0(t)$ とする。この適用金利は，市場金利が変化しても変わらない。また，$A_1(t), L_1(t)$ に適用される金利を p, q とする。この<u>新規適用金利は期中を通じて変わらない</u>と仮定する。

(3) そのとき，期間 $[t, t+dt]$ に発生する受取利息，支払利息は次のように計算される。

$$P(t) \cdot dt = \left(A_0(t) \cdot p_0(t) + A_1(t) \cdot p \right) \cdot dt \, : 受取利息 \tag{12}$$

$$Q(t) \cdot dt = \left(L_0(t) \cdot q_0(t) + L_1(t) \cdot q \right) \cdot dt \, : 支払利息 \tag{13}$$

これらを用いて ALM 部門の損益プロセスは次のように計算される。

$$dW_{ALM}(t) = P(t)dt - Q(t)dt - C_{ALM}dt \tag{14}$$

期間利鞘 $(R_{ALM}[0,1])$ は，利鞘プロセスを期間中で積分したものである。

$$R_{ALM}[0,1] = \int_0^1 P(t) \cdot dt - \int_0^1 Q(t) \cdot dt$$

$$= \int_0^1 \left(A_0(t) \cdot p_0(t) + A_1(t) \cdot p \right) \cdot dt - \int_0^1 \left(L_0(t) \cdot q_0(t) + L_1(t) \cdot q \right) \cdot dt \tag{15}$$

(4)　ここで，期間中に適用される新規金利が期初に $+d\tilde{r}$ だけ変化したと仮定する。

そのとき，期間 $[t, t+dt]$ に発生する受取利息，支払利息は次のように変化する。

$$P(t)^{+dr} \cdot dt = \left(A_0(t) \cdot p_0(t) + A_1(t) \cdot (p + d\tilde{r})\right) \cdot dt \qquad (16)$$

$$Q(t)^{+dr} \cdot dt = \left(L_0(t) \cdot q_0(t) + L_1(t) \cdot (q + d\tilde{r})\right) \cdot dt \qquad (17)$$

その結果，ALM 部門の期間利鞘は次のようになる。

$$R_{ALM}^{+dr}[0,1] = \int_0^1 P(t)^{+dr} \cdot dt - \int_0^1 Q(t)^{+dr} \cdot dt$$

$$= \int_0^1 \left(A_0(t) \cdot p_0(t) + A_1(t) \cdot (p + d\tilde{r})\right) \cdot dt - \int_0^1 \left(L_0(t) \cdot q_0(t) + L_1(t) \cdot (q + d\tilde{r})\right) \cdot dt \qquad (18)$$

(5)　したがって，期初からの新規金利の変化 $(+d\tilde{r})$ が，ALM 部門の期間利鞘に及ぼす影響 $(dR_{ALM}[0,1])$ は，次のように計算することができる。

$$dR_{ALM}[0,1] = R_{ALM}^{+dr}[0,1] - R_{ALM}[0,1] = \left[\int_0^1 \left(A_1(t) - L_1(t)\right) \cdot dt\right] \cdot d\tilde{r} \quad (19)$$

上式に現れる新規資産残高 $(A_1(t))$ と新規負債残高 $(L_1(t))$ の差額を $gap(t)$ と呼ぶ（【図1】参照）。

$$gap(t) = A_1(t) - L_1(t) \qquad (20)$$

(6)　ここで注意すべき点は，$gap(t)$ の定義に現れる残高 $A_1(t), L_1(t)$ は，金利リスクを分析する期初の段階では未知の情報であるということである。GAP 分析ではこれをどのようにして求めるかという問題が生じる。

しかし，この問題は，「期間中の資産・負債が常にバランスする」という関係から，次のようにして解決することができる。既知残高を用いて計算可能なのである。

$$A(t) = L(t) + E(t), \ 0 \le t \le 1$$

$$A_0(t) + A_1(t) = L_0(t) + L_1(t) + E(0)$$

したがって，

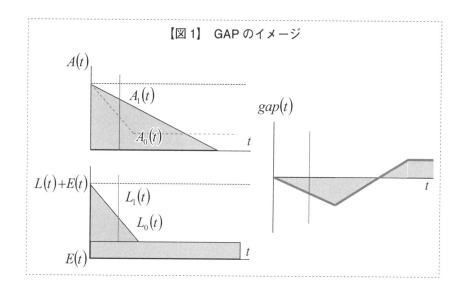

【図1】 GAP のイメージ

$$gap(t) = A_1(t) - L_1(t) = -(A_0(t) - L_0(t) - E(0)) \qquad (21)$$

　このことが，ALM の初期の段階で GAP 分析が広く使用された理由の一つであった。

(7)　GAP 分析は，期初における金利変動($d\tilde{r}$)に対する期間利鞘額($R_{ALM}[0,1]$)の感応度分析である。ここでは，$\int_0^1 gap(t) \cdot dt$ が感応度の役割を果たす。

$$d\tilde{R}_{ALM}[0,1] = \left[\int_0^1 gap(t) \cdot dt \right] \cdot d\tilde{r} \qquad (22)$$

　GAP 分析は，非常に簡単な設定の下で銀行の資産・負債が抱える金利リスクを分析する手法であるが，次のような問題を持っている。

(A)　金利変動が期初に1回だけ発生するという仮定

　　→期間中に複数回の金利変動が発生する可能性がある。

(B)　すべての資産・負債に対して同一幅の金利変動 $+d\tilde{r}$ が発生するという仮定

　　→実際には複数の基準金利が存在し，それらが異なる変動幅で変化

する。

次の Dynamic GAP 分析やそれに続く一連の考察で，これらの問題への対応策を検討することにしよう。

3.1.3　Dynamic GAP 分析

まず，金利変動が期間中に複数回発生するような場合を考えてみよう。

(1)　新規取引シナリオ，新規金利シナリオ

GAP 分析において期初残高 $A(0), L(0)$ と，期初と同じ金利が適用される期間中の残高推移 $A_0(t), L_0(t)$ を考えたのと同様に，期中の各時点 $0 \leq s \leq 1$ について，時点 s 以降の任意の時点 $t (s \leq t \leq 1)$ の資産・負債残高が次のように分解されるとしよう。

(注)　期中の各時点 s における<u>新規取引シナリオ</u>が設定されていて，シナリオどおりに取引が実行されるとすると，このような分解が可能になる。

また，期中の各時点 $0 \leq t \leq 1$ で<u>新規金利シナリオ</u> $(p(t), q(t))$ が設定されているとする。

$$A(s) \quad \to A(t) = A_{s,0}(t) + A_{s,1}(t) \tag{23}$$

$$L(s) \quad \to L(t) = L_{s,0}(t) + L_{s,1}(t) \tag{24}$$

$$E(s) \quad \to E(t) = E(s) = E(0) \tag{25}$$

但し，$A_{s,0}(t), L_{s,0}(t)$ は，時点 s での金利 $p_{s,0}(t), q_{s,0}(t)$ が継続適用される残高

$A_{s,1}(t), L_{s,1}(t)$ は，時点 t での新規金利 $p(t), q(t)$ が適用される残高

(2)　時点 s までがシナリオどおりであった場合に，期間 $(t, t+dt)$ の発生金利は次のように計算される $(s < \forall t \leq 1)$。

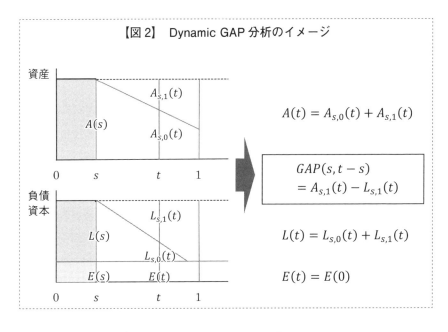

【図2】 Dynamic GAP分析のイメージ

$$A(t) = A_{s,0}(t) + A_{s,1}(t)$$

$$\begin{array}{l} GAP(s, t-s) \\ = A_{s,1}(t) - L_{s,1}(t) \end{array}$$

$$L(t) = L_{s,0}(t) + L_{s,1}(t)$$

$$E(t) = E(0)$$

$$P(t)\cdot dt = \left(A_{s,0}(t)\cdot p_{s,0}(t) + A_{s,1}(t)\cdot p(t)\right)\cdot dt \tag{26}$$

$$Q(t)\cdot dt = \left(L_{s,0}(t)\cdot q_{s,0}(t) + L_{s,1}(t)\cdot q(t)\right)\cdot dt \tag{27}$$

（3） ここで期中時点 s において，当初に設定した新規金利シナリオ $p(t), q(t)$ からかい離が発生したとしよう。そのかい離幅を $+d\tilde{r}(s)$ で表すことにする。その結果，時点 $t(>s)$ の新規金利シナリオは，$p(t)+d\tilde{r}(s), q(t)+d\tilde{r}(s)$ に修正しなければならない。この新規金利シナリオ修正後の期間 $(t, t+dt)$ の発生金利は，次のように計算される $(s < \forall t \le 1)$。

$$P(t)^{+d\tilde{r}(s)}\cdot dt = \left(A_{s,0}(t)\cdot p_{s,0}(t) + A_{s,1}(t)\cdot (p(t)+d\tilde{r}(s))\right)\cdot dt \tag{28}$$

$$Q^{+d\tilde{r}(s)}(t)\cdot dt = \left(L_{s,0}(t)\cdot q_{s,0}(t) + L_{s,1}(t)\cdot (q(t)+d\tilde{r}(s))\right)\cdot dt \tag{29}$$

（4） したがって，このシナリオ修正 $+d\tilde{r}(s)$ が期間 $(t, t+dt)$ の利息収支に

与える影響は次のようになる。

$$d\widetilde{R}(t)\cdot dt = \left(P(t)^{+d\widetilde{r}(s)} - Q(t)^{+d\widetilde{r}(s)}\right)\cdot dt - \left(P(t)-Q(t)\right)\cdot dt$$

$$= \left(A_{s,1}(t) - L_{s,1}(t)\right)\cdot d\widetilde{r}(s)\cdot dt$$

$$= GAP(s,t-s)\cdot d\widetilde{r}(s)\cdot dt \qquad (30)$$

$$\text{但し、} GAP(s,t-s) = A_{s,1}(t) - L_{s,1}(t)$$

(5)　この影響は期間損益（$P_{ALM}[0,1]$）に対して期間$[s,1]$（期末まで）に亘って及ぶことから，$+d\widetilde{r}(s)$の期間損益への影響（$d\widetilde{P}_{ALM}[0,1]^{+dr(s)}$）は次のように計算される。

$$d\widetilde{P}_{ALM}[0,1]^{+dr(s)} = \int_{s}^{1} GAP(s,t-s)\cdot d\widetilde{r}(s)\cdot dt \qquad (31)$$

(6)　このような新規金利シナリオからのかい離の発生が連続的に起こるとすると，期間中すべての新規金利シナリオ修正の影響を受けて期間損益は以下のように変動する。

$$d\widetilde{P}_{ALM}[0,1] = \int_{0}^{1} d\widetilde{P}_{ALM}[0,1]^{+dr(s)}$$

$$= \int_{0}^{1} d\widetilde{r}(s)\cdot \int_{s}^{1} GAP(s,t-s)\cdot dt \qquad (32)$$

　一連の新規金利シナリオからのかい離（$+d\widetilde{r}(s)$）発生を入力情報とし，それが銀行の AL 構造（$GAP(s,t-s)$）によって変換されて，期間損益の変動（$d\widetilde{P}_{ALM}[0,1]^{+dr(s)}$）として出力されるようなイメージである（【図3】参照）。

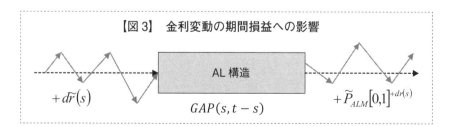

【図3】　金利変動の期間損益への影響

AL 構造

$+d\widetilde{r}(s)$　　　　$GAP(s,t-s)$　　　$+\widetilde{P}_{ALM}[0,1]^{+dr(s)}$

(7) 期中の微小期間 $[t, t+dt]$ における ALM 部門の利息収支の変動 $(dR(t))$ は，期初から時点 t までに起こった金利シナリオかい離 $(+d\widetilde{r}(s)\,;\,0 \leq s \leq t)$ の影響を合算したものであるから，次のように計算される。

 （注） 新規取引シナリオの修正はないものとする。

$$dR(t) = \int_0^t d\widetilde{R}(t)_{ALM}^{+dr(s)}$$

$$= \int_0^t GAP(s, t-s) \cdot d\widetilde{r}(s) \tag{33}$$

これは当初に想定した<u>新規取引シナリオ</u> $(A(t), L(t))$ と，当初に想定した<u>新規金利シナリオ</u> $(p(t), q(t))$ によって計算される残高平均金利の推移 $(p^*(t), q^*(t))$ に基づいて計算した（シナリオ修正前）利息収支からの変動額となる。

したがって，ALM 部門経費の影響も勘案すると，新規金利シナリオのかい離（金利変動）による ALM 部門の財産額の増減は次のように計算することができる。

$$d\widetilde{W}_{ALM}(t) = A(t) \cdot p^*(t) \cdot dt - L(t) \cdot q^*(t) \cdot dt - C_{ALM} \cdot dt$$

$$+ \left(\int_0^t GAP(s, t-s) \cdot d\widetilde{r}(s) \right) \cdot dt \tag{34}$$

これを ALM 部門の損益プロセスとして分析することにしよう。

3.2　ALM 部門の損益プロセス

(1)　前節の考察によって，ALM 部門の期初の財産額 $(W_{ALM}(0))$ は，以下のような損益プロセスに従って増減することがわかった。

期末の財産額 $(\widetilde{W}_{ALM}(1))$，期間損益 $(\widetilde{P}_{ALM}[0,1])$ は，それぞれ次のように計算される。

（期初財産額）　：$W_{ALM}(0)$

（損益プロセス）：$d\widetilde{W}_{ALM}(t) = A(t)\cdot p^*(t)\cdot dt - L(t)\cdot q^*(t)\cdot dt - C_{ALM}\cdot dt$

$$+ \left(\int_0^t GAP(s,t-s)\cdot d\widetilde{r}(s)\right)\cdot dt \quad (34)$$

（期末財産額）　：$\widetilde{W}_{ALM}(1) = W_{ALM}(0) + \int_0^1 d\widetilde{W}_{ALM}(t)$

（期間損益）　　：$\widetilde{P}_{ALM}[0,1] = \widetilde{W}_{ALM}(1) - W_{ALM}(0) = \int_0^1 d\widetilde{W}_{ALM}(t)$

$$= \int_0^1 \left(A(t)\cdot p^*(t) - L(t)\cdot q^*(t) - C_{ALM}\right)\cdot dt$$

$$+ \int_0^1 \left(\int_0^t GAP(s,t-s)\cdot d\widetilde{r}(s)\right)\cdot dt \quad (35)$$

(2)　次の目標は，確率変数としての ALM 部門の期間損益（$\widetilde{P}_{ALM}[0,1]$）に対して，以下の 2 つの制御を加えることである。順番に見ていこう。

$$E\left[\widetilde{P}_{ALM}[0,1]\right] \geq \rho\cdot W_{ALM}(0) \qquad \text{（収益性確保）} \qquad (36)$$

$$\Phi_\alpha\left[-\left(\widetilde{P}_{ALM}[0,1] - E\left[\widetilde{P}_{ALM}[0,1]\right]\right)\right] \leq W_{ALM}(0) \quad \text{（リスク制御）} \qquad (37)$$

3.3　収益性確保のための条件

(1)　ALM 部門の期間損益

$$\widetilde{P}_{ALM}[0,1] = \int_0^1 \left(A(t)\cdot p^*(t) - L(t)\cdot q^*(t) - C_{ALM}\right)\cdot dt$$

$$+ \int_0^1 \left(\int_0^t GAP(s,t-s)\cdot d\widetilde{r}(s)\right)\cdot dt \qquad (35)$$

において，新規金利シナリオ$(p(t), q(t))$からのかい離としての金利変動$(d\tilde{r}(s))$は，予測誤差であるから期待値$=0$の正規分布に従って発生すると仮定する。

（注）金利変動のトレンド項は，金利変動シナリオとして織り込まれているとする。

$$d\tilde{r}(s) \sim N(0, \sigma^2 ds) \tag{36}$$

(2) この仮定によって期間損益の期待値を計算すると，$E[d\tilde{r}(s)] = 0$であるから，

$$
\begin{aligned}
E\left[\widetilde{P}_{ALM}[0,1]\right] &= \int_0^1 \left(A(t) \cdot p^*(t) - L(t) \cdot q^*(t) - C_{ALM}\right) \cdot dt \\
&\quad + \int_0^1 \left[\int_0^t GAP(s, t-s) \cdot E[d\tilde{r}(s)]\right] \cdot dt \\
&= \int_0^1 \left(A(t) \cdot p^*(t) - L(t) \cdot q^*(t)\right) \cdot dt - C_{ALM}
\end{aligned} \tag{37}
$$

収益性確保の条件$\left(E\left[\widetilde{P}_{ALM}[0,1]\right] \geq \rho \cdot W_{ALM}(0)\right)$から，

$$\int_0^1 \left(A(t) \cdot p^*(t) - L(t) \cdot q^*(t)\right) \cdot dt - C_{ALM} \geq \rho \cdot W_{ALM}(0) \tag{38}$$

(3) 銀行の会計上の自己資本比率は数％程度であるが，債務超過でなければ正値である。これを利用して収益性確保の条件式を書き換えると，

$$
\begin{aligned}
\int_0^1 \left(A(t) \cdot p^*(t) - L(t) \cdot q^*(t)\right) \cdot dt &= \int_0^1 L(t) \cdot \left((1 + \varepsilon(t)) \cdot p^*(t) - q^*(t)\right) \cdot dt \\
&\geq \int_0^1 L(t) \cdot \left(p^*(t) - q^*(t)\right) \cdot dt = \left(\overline{p}^* - \overline{q}^*\right) \cdot \overline{L}
\end{aligned} \tag{39}
$$

但し，$\varepsilon(t) = \dfrac{A(t) - L(t)}{L(t)} > 0$, $\quad \overline{L} = \int_0^1 L(t) \cdot dt$

$$\overline{p}^* = \frac{1}{\overline{L}} \cdot \int_0^1 p^*(t) \cdot L(t) \cdot dt$$

$$\overline{q}^* = \frac{1}{\overline{L}} \cdot \int_0^1 q^*(t) \cdot L(t) \cdot dt$$

したがって，収益性確保の十分条件は次式のようになる。

$$\left(\bar{p}^* - \bar{q}^*\right)\cdot\bar{L} \geq C_{ALM} + \rho\cdot W_{ALM}(0) \tag{40}$$

$$\text{すなわち,}\ \ \bar{p}^* - \bar{q}^* \geq \frac{C_{ALM} + \rho\cdot W_{ALM}(0)}{\bar{L}} \tag{41}$$

(4)　この条件式は，期間中の平均内部資金利率($\bar{p}^*$)と平均資金調達利率($\bar{q}^*$)の差額(＝スプレッド)が，ALM 部門経費率($C_{ALM}/\bar{L}$)と資本コスト率($\rho\cdot W_{ALM}(0)/\bar{L}$)をカバーするように設定すればよいことを示している(仕切りレートの設定)。

　しかし，貸出金利の設定は他行との競争にさらされており，仕切りレート($\bar{p}_i$)に信用コスト率等のスプレッド(α_i)を加えて設定される貸出金利(p_i)に競争力を持たせるためには，そのベースとなる資金調達に要する総コスト率

$$\bar{q}^* + \frac{C_{ALM} + \rho\cdot W_{ALM}(0)}{\bar{L}} \tag{42}$$

を低く抑えることが必要となる。

　したがって，条件式 (**) は資金調達コスト率に課せられる制約と考えられる。低く抑えるべき要素は以下のものである。

　　　(平均資金調達利率)　　　$\bar{q}^*$
　　　(ALM 部門経費率)　　　$C_{ALM}/\bar{L}$
　　　(資本コスト率)　　　　ρ
　　　(初期配布資本比率)　　　$W_{ALM}(0)/\bar{L}$

3.4　リスク制御のための条件

(1)　ALM 部門の損益プロセス

$$d\widetilde{W}_{ALM}(t) = A(t)\cdot p^*(t)\cdot dt - L(t)\cdot q^*(t)\cdot dt - C_{ALM}\cdot dt$$

$$+\left(\int_0^t GAP(s,t-s)\cdot d\widetilde{r}(s)\right)\cdot dt \qquad (34)$$

の中で，期間損益に不確実性を引き起こすのは以下の部分である。

$$+\left(\int_0^t GAP(s,t-s)\cdot d\widetilde{r}(s)\right)\cdot dt \qquad (43)$$

これを積み上げた年間の変動(＝期間損益の変動)は次のようになる。

$$\widetilde{G}_{ALM}=\widetilde{P}_{ALM}[0,1]-E\left[\widetilde{P}_{ALM}[0,1]\right]=\int_0^1\left[\int_0^t GAP(s,t-s)\cdot d\widetilde{r}(s)\right]\cdot dt \qquad (44)$$

(2) これの悪い方向への変動幅(利益減少)を，一定の信頼度 α の下で期初配布資本額($W_{ALM}(0)$)の範囲に抑えたい。

$$\Phi_\alpha\left[-\widetilde{G}_{ALM}\right]\le W_{ALM}(0) \qquad (45)$$

(3) $d\widetilde{r}(s)$ が正規分布することを仮定しているので，それを積分した $-\widetilde{G}_{ALM}$ も正規分布をして，その α ％点 $\Phi_\alpha\left[-\widetilde{G}_{ALM}\right]$ は，標準偏差 $\sigma\left[-\widetilde{G}_{ALM}\right]$ を定数(ϕ_α)倍することによって求めることができる。

$-\widetilde{G}_{ALM}$ の期待値と分散(標準偏差の2乗)を計算すると次のようになる。

$$E\left[-\widetilde{G}_{ALM}\right]=0 \qquad (46)$$

$$V\left[-\widetilde{G}_{ALM}\right]=E\left[\left(\int_0^1\left(\int_0^t GAP(s,t-s)\cdot d\widetilde{r}(s)\right)\cdot dt\right)^2\right] \qquad (47)$$

$d\widetilde{r}(s)=\sigma\cdot d\widetilde{z}(s)(d\widetilde{z}(s)\sim N(0,ds)$：標準ブラウン運動)と置くと，

$$V\left[-\widetilde{G}_{ALM}\right]=E\left[\left(\int_0^1\left(\int_0^t GAP(s,t-s)\cdot\sigma\cdot d\widetilde{z}(s)\right)\cdot dt\right)^2\right] \qquad (48)$$

(4) 上式において，(s,t) の積分範囲は下記のような3角形である。

まず，s について①$0\le s\le t$ で積分し，さらにそれをt について②$0\le t\le 1$ で積分して求める。この積分の順序を次のように変更して実施する。

まず，t について① $s \leq t \leq 1$ で積分し，さらにそれを s について②
$0 \leq s \leq 1$ で積分して求める（【図4】を参照）。

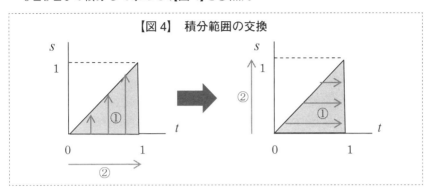

【図4】　積分範囲の交換

具体的には，次のような計算を行う。

$$V\left[-\widetilde{G}_{ALM}\right] = E\left[\left(\int_0^1 d\widetilde{z}(s) \cdot \left(\int_s^1 GAP(s, t-s) \cdot \sigma \cdot dt\right)\right)^2\right] \qquad (49)$$

ブラウン運動は独立過程であるから，上式はさらに次のように変形することができる。

$$V\left[-\widetilde{G}_{ALM}\right] = \int_0^1 ds \cdot \left(\int_s^1 GAP(s, t-s) \cdot \sigma \cdot dt\right)^2 \qquad (50)$$

$$\leq \int_0^1 ds \cdot \left(\int_s^1 |GAP(s, t-s)| \cdot \sigma \cdot dt\right)^2 \qquad (51)$$

(4)　ここで，期間中の GAP（$GAP(s, t-s)$）に上限 M が設定されているとする。

$$|GAP(s, t-s)| \leq M \qquad (52)$$

これを上式に代入すると，

$$V\left[-\widetilde{G}_{ALM}\right] \leq \int_0^1 ds \cdot M^2 \sigma^2 \cdot (1-s)^2 = -\frac{1}{3} M^2 \sigma^2 \cdot (1-s)^3 \Big|_0^1 = \frac{M^2 \sigma^2}{3} \quad (53)$$

したがって，リスク制約条件は以下のようになる。

$$\phi_\alpha \cdot \sqrt{V\left[-\widetilde{G}_{ALM}\right]} \le \frac{\phi_\alpha \cdot M \cdot \sigma}{\sqrt{3}} \le W_{ALM}(0) \qquad (54)$$

これを M について解くと，

$$M \le \frac{\sqrt{3} \cdot W_{ALM}(0)}{\phi_\alpha} \qquad (55)$$

このようにして設定した上限 M を GAP 枠と呼んでいる。期中に GAP 枠が守られていれば，ALM 部門の期間損益の悪化は，信頼度 α の下で期初配布資本（$W_{ALM}(0)$）を超えない。

3.5　さらなる課題へのチャレンジ

ここまでに Dynamic GAP 分析によって ALM 部門の損益プロセスを導き，期間損益に対する収益性確保のための条件（資金調達コスト等への制約）とリスク制御のための条件（GAP 枠）について考察した。

しかし，Dynamic GAP 分析は依然として以下のような課題を持っている。

・（複数回の金利変動には対応したが）金利変動はすべての資産・負債に共通
・（実現損益のみが対象で）評価損益は考慮していない
・（円貨資産・負債のみで）複数通貨への対応ができていない

以下では，それらの課題に対する改善の糸口を概観する。

まずは最初の課題（金利変動が資産・負債によって異なる）に取り組んでみよう。

3.5.1　2因子GAP分析

(1)　新規適用金利と金利変動が短期金利と長期金利で異なるとして GAP 分析を構成してみよう。期間中の資産・負債残高を次のように置く。

$$A(t) = A_0(t) + A_1^s(t) + A_2^l(t) \tag{56}$$

$$L(t) = L_0(t) + L_1^s(t) + L_2^l(t) \tag{57}$$

但し，$A_0(t), L_0(t)$：期初の適用金利が変わらない資産・負債残高

$\quad\quad A_1^s(t), L_1^s(t)$：新規金利（短期）が適用される資産・負債残高

$\quad\quad A_1^l(t), L_1^l(t)$：新規金利（長期）が適用される資産・負債残高

(2)　期初から新規金利（短期：(p^s, q^s)，長期：(p^l, q^l)）が変わらないとすると，期間 $(t, t+dt)$ に発生する利息は，次のように表される。

$$P(t) \cdot dt = \left(A_0(t) \cdot p_0(t) + A_1^s(t) \cdot p^s + A_1^l(t) \cdot p^l \right) \cdot dt \tag{58}$$

$$Q(t) \cdot dt = \left(L_0(t) \cdot q_0(t) + L_1^s(t) \cdot q^s + L_1^l(t) \cdot q^l \right) \cdot dt \tag{59}$$

ALM 部門の期間損益（$R_{ALM}[0,1]$）は次のように計算される。

$$R_{ALM}[0,1] = \int_0^1 P(t) \cdot dt - \int_0^1 Q(t) \cdot dt \tag{60}$$

(3)　期初に新規金利が短期，長期でそれぞれ $+\widetilde{dr_s}$，$+\widetilde{dr_l}$ だけ変動したと仮定すると，受取利息と支払利息は，次のように変化して期間損益は次のように計算される。

$$P(t)^{+dr} \cdot dt = \left(A_0(t) \cdot p_0(t) + A_1^s(t) \cdot \left(p^s + \widetilde{dr_s} \right) + A_1^l(t) \cdot \left(p^l + \widetilde{dr_l} \right) \right) \cdot dt \tag{61}$$

$$Q(t)^{+dr} \cdot dt = \left(A_0(t) \cdot q_0(t) + A_1^s(t) \cdot \left(q^s + \widetilde{dr_s} \right) + A_1^l(t) \cdot \left(q^l + \widetilde{dr_l} \right) \right) \cdot dt \tag{62}$$

$$R_{ALM}^{+dr}[0,1] = \int_0^1 P(t)^{+dr} \cdot dt - \int_0^1 Q(t)^{+dr} \cdot dt \tag{63}$$

したがって，期初の新規金利の変動によって期間損益は，次のように変化する。

$$dR_{ALM}[0,1] = R_{ALM}^{+dr}[0,1] - R_{ALM}[0,1]$$

$$= \int_0^1 \left(\left(A_1^s(t) - L_1^s(t) \right) \cdot d\widetilde{r_s} \right) \cdot dt + \int_0^1 \left(A_1^l(t) - L_1^l(t) \cdot d\widetilde{r_l} \right) \cdot dt$$

$$= \left(\int_0^1 GAP^s(t) \cdot dt \right) \cdot d\widetilde{r}^s + \left(\int_0^1 GAP^l(t) \cdot dt \right) \cdot d\widetilde{r}^l \tag{64}$$

但し，$GAP^s(t) = A_1^s(t) - L_1^s(t)$：短期 gap

$GAP^l(t) = A_1^l(t) - L_1^l(t)$：長期 gap

(4) このような構成によって，GAP 分析の最終式（(19)式，(22)式）は，次のように一般化することができる。

$$dR_{ALM}[0,1] = R_{ALM}^{+dr}[0,1] - R_{ALM}[0,1]$$

$$= \left(\int_0^1 GAP^s(t) \cdot dt \right) \cdot d\widetilde{r}^s + \left(\int_0^1 GAP^l(t) \cdot dt \right) \cdot d\widetilde{r}^l$$

$$= \left(\int_0^1 \left(GAP^s(t) + GAP^l(t) \right) \cdot dt \right) \cdot d\widetilde{r}^s + \left(\int_0^1 GAP^l(t) \cdot dt \right) \cdot \left(d\widetilde{r}^l - d\widetilde{r}^s \right)$$

$$= \left(\int_0^1 GAP(t) \cdot dt \right) \cdot d\widetilde{r}^s + \left(\int_0^1 GAP^l(t) \cdot dt \right) \cdot d\widetilde{u} \tag{65}$$

但し，$GAP(t) = GAP^s(t) + GAP^l(t)$：本来の gap

$d\widetilde{u} = d\widetilde{r}^l - d\widetilde{r}^s$：長短金利差の変動

(5) このような構成は，金利期間構造の変動分析の結果（【補足事項❸】参照）とも符合する。$+d\widetilde{r}^s$ が第一成分のパラレルシフトに対応し，$+d\widetilde{u} = d\widetilde{r}^l - d\widetilde{r}^s$ が第二成分の長短金利差シフトに対応している。

このアイデアを Dynamic GAP 分析にも応用できないだろうか。

3.5.2　2因子 Dynamic GAP 分析

(1) 「3.1.3　Dynamic GAP 分析」の設定において，新規金利シナリオを短期・長期別に設定して以下のとおりとする。

$$\left(p^s(s), p^l(s), q^s(s), q^l(s)\right) \tag{66}$$

時点 s の残高を基準に，適用される金利に応じて分類した時点 $t\,(t>s)$ の資産・負債残高を次のように置く。

$$A_s(t) = A_{s,0}(t) + A_{s,1}^s(t) + A_{s,1}^l(t) \tag{67}$$

$$L_s(t) = L_{s,0}(t) + L_{s,1}^s(t) + L_{s,1}^l(t) \tag{68}$$

(2)　新規金利シナリオが時点 s でパラレルに $+d\widetilde{r}(s)$，長短金利差が $+d\widetilde{u}(s)$ だけ乱れたと仮定すると，ALM部門の財産額の増減 $(d\widetilde{W}_{ALM}(t))$ は次のように表される。

$$d\widetilde{W}_{ALM}(t) = A(t) \cdot p^*(t) \cdot dt - L(t) \cdot q^*(t) \cdot dt - C_{ALM} \cdot dt$$
$$+ \left(\int_0^t GAP(s, t-s) \cdot d\widetilde{r}(s)\right) \cdot dt + \left(\int_0^1 GAP^l(s, t-s) \cdot d\widetilde{u}(s)\right) \cdot dt \tag{69}$$

(3)　期中の新規金利シナリオの乱れが，次のような正規過程によって発生すると仮定する。

$$\begin{pmatrix} d\widetilde{r}(s) \\ d\widetilde{u}(s) \end{pmatrix} = \begin{pmatrix} \sigma_1 \cdot d\widetilde{z}_1(s) \\ \sigma_2 \cdot d\widetilde{z}_2(s) \end{pmatrix}, \quad \begin{pmatrix} d\widetilde{z}_1(s) \\ d\widetilde{z}_2(s) \end{pmatrix} \sim N\left(\begin{pmatrix} 0 \\ 0 \end{pmatrix}, \begin{pmatrix} 1 & 0 \\ 0 & 1 \end{pmatrix} \cdot ds\right) \tag{70}$$

そのとき，期間損益は次のように計算される。

$$\widetilde{P}_{ALM}[0,1] = \int_0^1 d\widetilde{W}_{ALM}(t)$$

$$= \int_0^1 \left(A(t) \cdot p^*(t) - L(t) \cdot q^*(t)\right) \cdot dt - C_{ALM}$$

$$+ \int_0^1 \left(\int_0^t GAP(s, t-s)\, d\widetilde{r}(s)\right) dt + \int_0^1 \left(\int_0^t GAP^l(s, t-s)\, d\widetilde{u}(s)\right) dt$$

$$= \int_0^1 \left(A(t) \cdot p^*(t) - L(t) \cdot q^*(t)\right) \cdot dt - C_{ALM}$$

$$+ \int_0^1 \left(\int_0^t GAP(s,t-s)\sigma_1 d\tilde{z}_1(s) \right) dt + \int_0^1 \left(\int_0^t GAP^l(s,t-s)\sigma_2 d\tilde{z}_2(s) \right) dt \quad (71)$$

(4) この期間損益の期待値と分散を計算する。

$$E\big[\widetilde{P}_{ALM}[0,1]\big] = \int_0^1 \big(A(t)\cdot p^*(t) - L(t)\cdot q^*(t)\big)\cdot dt - C_{ALM} \quad (72)$$

$$
\begin{aligned}
V\big[\widetilde{P}_{ALM}[0,1]\big] &= V\left[\int_0^1 \left(\int_0^t GAP(s,t-s)\cdot \sigma_1 \cdot d\tilde{z}_1(s) \right)\cdot dt \right] \\
&\quad + V\left[\int_0^1 \left(\int_0^t GAP^l(s,t-s)\cdot \sigma_2 \cdot d\tilde{z}_2(s) \right)\cdot dt \right] \\
&= V\left[\int_0^1 d\tilde{z}_1(s)\cdot \left(\int_s^1 GAP(s,t-s)\cdot \sigma_1 \cdot dt \right) \right] \\
&\quad + V\left[\int_0^1 d\tilde{z}_2(s)\cdot \left(\int_s^1 GAP^l(s,t-s)\cdot \sigma_2 \cdot dt \right) \right] \\
&= V\left[\int_0^1 ds\cdot \left(\int_s^1 GAP(s,t-s)\cdot \sigma_1 \cdot dt \right)^2 \right] \\
&\quad + V\left[\int_0^1 ds\cdot \left(\int_s^1 GAP^l(s,t-s)\cdot \sigma_2 \cdot dt \right)^2 \right] \\
&\leq V\left[\int_0^1 ds\cdot \left(\int_s^1 |GAP(s,t-s)|\cdot \sigma_1 \cdot dt \right)^2 \right] \\
&\quad + V\left[\int_0^1 ds\cdot \left(\int_s^1 |GAP^l(s,t-s)|\cdot \sigma_2 \cdot dt \right)^2 \right] \quad (73)
\end{aligned}
$$

2種類の GAP に，それぞれ制約条件，$|GAP(s)|\leq M_1$，$|GAP^l(s)|\leq M_2$ を課すと，期待値周りの分散は1因子の時と同じような計算によって以下のように制御される。

$$V\big[\widetilde{P}_{ALM}[0,1]\big] \leq \frac{M_1^2\cdot \sigma_1^2}{3} + \frac{M_2^2\cdot \sigma_2^2}{3} \quad (74)$$

期間中のこの不確実性を，信頼度 α で期初の配布の資本 $W_{ALM}(0)$ の範

囲内に抑えるとすると，次の条件を満たせばよいことがわかる。

$$\phi_\alpha \cdot \sqrt{V\left[\widetilde{P}_{ALM}[0,1]\right]} = \phi_\alpha \cdot \sqrt{\frac{M_1^2 \cdot \sigma_1^2 + M_2^2 \cdot \sigma_2^2}{3}} \leq W_{ALM}(0) \tag{75}$$

書き直すと，以下のようになる。

$$\frac{M_1^2}{\left(\dfrac{\sqrt{3} \cdot W_{ALM}(0)}{\phi_\alpha \cdot \sigma_1}\right)^2} + \frac{M_2^2}{\left(\dfrac{\sqrt{3} \cdot W_{ALM}(0)}{\phi_\alpha \cdot \sigma_2}\right)^2} \leq 1 \tag{76}$$

すなわち，(M_1, M_2) は，2 つの径 $\sqrt{3} \cdot W_{ALM}(0)/\phi_\alpha \cdot \sigma_1$，$\sqrt{3} \cdot W_{ALM}(0)/\phi_\alpha \cdot \sigma_2$ を持つ楕円上に取ればよいことがわかる。

3.5.3　評価損益を考慮した ALM

ここまでの議論では，ALM 部門の損益プロセスで考慮したのは「実現損益」のみであった。以下では，「評価損益」を考慮した損益プロセスについて考える。

(1)　金融取引の評価額の変動を分析する代表的な手法は「**デュレーション分析**」である。

デュレーション分析についての一般的な説明は，下記のような 1 年毎に発生する固定キャッシュフロー $(c_1, \cdots, c_T)$ の金融取引の評価額 $(V = V(r))$ が，金利変動によって変化する様子を見るために金利 r で微分することから始まる。

$$V = V(r) = \frac{c_1}{1+r} + \cdots + \frac{c_T}{(1+r)^T} \tag{77}$$

$$\frac{dV}{dr} = (-1) \cdot \frac{c_1}{(1+r)^2} + \cdots + (-T) \cdot \frac{c_T}{(1+r)^{T+1}} \tag{78}$$

これを次のように変形して，金利変動 (dr) に対する金融取引の評価額変動 (dV) の感応度を求める。

$$dV = \Delta \cdot dr \ , \quad \Delta = -\frac{1}{1+r} \cdot \left(1 \cdot \frac{c_1}{(1+r)} + \cdots + T \cdot \frac{c_T}{(1+r)^T} \right) \tag{79}$$

（Δ：デルタ）

$$\frac{dV}{V} = -D \cdot \frac{dr}{1+r} \ , \quad D = \frac{1 \cdot \dfrac{c_1}{(1+r)} + \cdots + T \cdot \dfrac{c_T}{(1+r)^T}}{\dfrac{c_1}{(1+r)} + \cdots + \dfrac{c_T}{(1+r)^T}} \tag{80}$$

（D：デュレーション）

(80)式の定数(D)を<u>デュレーション</u>と呼んで金利リスクの指標として使用される。

(2)　デュレーションは次のような性質を持つ。

①　金融商品価格の変動率($\frac{dV}{V}$)と金利変動率($\frac{dr}{1+r}$)が比例し，その比例定数(にマイナスをつけたもの)がデュレーション(D)である。

②　金利が上昇($dr > 0$)すれば，金融商品価格は減少($dV < 0$)する。

③　デュレーション(D)は，キャッシュフローの発生時点($t = 1, \cdots, T$)を，その時点で発生するキャッシュフローの現在価値$\left(\dfrac{c_t}{(1+r)^t} \right)$によって加重平均したものである。

④　したがって，固定キャッシュフローの金融取引では，満期の長い金融取引ほどデュレーションが大きい(長期債のデュレーションは短期債よりも大きい)。

(3)　金融取引のポートフォリオ($V = \sum_{i=1}^{n} V_i$)の金利感応度(デルタ／デュレーション)は次のように計算される。

（デルタ）

$$dV = \sum_{i=1}^{n} dV_i = \sum_{i=1}^{n} \Delta_i \cdot dr = \left(\sum_{i=1}^{n} \Delta_i \right) \cdot dr \tag{81}$$

$\Delta = \sum_{i=1}^{n} \Delta_i$：個々の金融取引のデルタの合計

（デュレーション）

$$\frac{dV}{V} = \sum_{i=1}^{n} \frac{V_i}{V} \cdot \frac{dV_i}{V_i} = \sum_{i=1}^{n} \frac{V_i}{V} \cdot \left(-D_i \cdot \frac{dr}{1+r}\right) = -\left(\sum_{i=1}^{n} D_i \cdot \frac{V_i}{V}\right) \cdot \frac{dr}{1+r} \quad (82)$$

$$D = \sum_{i=1}^{n} D_i \cdot \frac{V_i}{V} : 個々の金融取引のデュレーションの評価額加重平均$$

この方法によって銀行の資産合計の評価額(V_A)と負債合計の評価額(V_L)を求め，それぞれの金利感応度(Δ_A，Δ_L または D_A，D_L)を計算する。

（デルタ）

$$dV_A = \Delta_A \cdot dr, \ dV_L = \Delta_L \cdot dr \quad\quad\quad\quad (83)$$

（デュレーション）

$$\frac{dV_A}{V_A} = -D_A \cdot \frac{dr}{1+r}, \ \frac{dV_L}{V_L} = -D_L \cdot \frac{dr}{1+r} \quad\quad (84)$$

これらを用いて銀行の財産額としての純資産価値($NV = V_A - V_L$)の金利感応度を次のように計算する。

（デルタ）

$$dNV = dV_A - dV_L = (\Delta_A - \Delta_L) \cdot dr$$
$$= \Delta_{GAP} \cdot dr \quad\quad\quad\quad (85)$$
$$但し，\Delta_{GAP} = \Delta_A - \Delta_L$$

（デュレーション）

$$\frac{dNV}{V_A} = \frac{dV_A}{V_A} - \frac{V_L}{V_A} \cdot \frac{dV_L}{V_L}$$

$$= -D_A \cdot \frac{dr}{1+r} + \frac{V_L}{V_A} \cdot D_L \cdot \frac{dr}{1+r}$$

$$= -\left(D_A - \frac{V_L}{V_A} \cdot D_L\right) \cdot \frac{dr}{1+r} \quad\quad (86)$$

(4)　しかし，デュレーション分析についてのこのような説明は分析のエッセンスを理解するのにはわかりやすいが，実務においてはいくつかの修正が必

要になる。

キャッシュフローの発生時点$(t=1,\cdots,T)$は一般的には整数ではなく，前回利払いから経過した期間が端数となる。利払い間隔も1年毎ではなく3か月毎や半年毎などとなる場合が多い（1.2.2の（注6）経過利子を参照）。

また，割引金利はフラット(r)ではなく，期間構造$(r(t))$を持っている（【補足事項❹】参照）。

以下では，評価損益の分析には「デルタ」を用いることにする。資産側と負債側のデルタGAPは刻々と変化するとし$(\Delta_{GAP}(t)=\Delta_A(t)-\Delta_L(t))$，期間中の金利変動は1因子$(d\tilde{r}(t)=\mu(t)\cdot dt+\sigma\cdot d\tilde{z}(t),\ d\tilde{z}(t)\sim N(0,dt))$によって発生するとする。

トレンド項$(\mu(t)\cdot dt)$が新規金利シナリオに対応するものとする。

(5) 実現損益$(d\tilde{R}_{ALM})$に，このような評価損益$(dN\tilde{V}_{ALM})$を加えて，ALM部門の損益プロセスを考えると次のようになる。

$$d\tilde{W}_{ALM}(t)=d\tilde{R}_{ALM}(t)+dN\tilde{V}_{ALM}(t)-C_{ALM}\cdot dt$$

$$=A(t)\cdot p^*(t)\cdot dt-L(t)\cdot q^*(t)\cdot dt-C_{ALM}\cdot dt$$

$$+\left(\int_0^t GAP(s,t-s)\cdot\sigma\cdot d\tilde{z}(s)\right)\cdot dt$$

$$+\theta_{GAP}(t)\cdot dt+\Delta_{GAP}(t)\cdot\mu(t)\cdot dt+\frac{1}{2}\cdot\sigma^2\cdot\Gamma_{GAP}(t)\cdot dt$$

$$+\Delta_{GAP}(t)\cdot\sigma\cdot d\tilde{z}(t) \tag{87}$$

$$但し，\ d\tilde{V}_A(t)=\theta_A(t)\cdot dt+\Delta_A(t)\cdot d\tilde{r}(t)+\frac{1}{2}\cdot\Gamma_A(t)\cdot d\tilde{r}^2(t)$$

$$d\tilde{V}_L(t)=\theta_L(t)\cdot dt+\Delta_L(t)\cdot d\tilde{r}(t)+\frac{1}{2}\cdot\Gamma_L(t)\cdot d\tilde{r}^2(t)$$

$$\theta_{GAP}(t)=\theta_A(t)-\theta_L(t)$$

$$\Delta_{GAP}(t) = \Delta_A(t) - \Delta_L(t)$$

$$\Gamma_{GAP}(t) = \Gamma_A(t) - \Gamma_L(t)$$

(6)　ALM 部門の評価損益考慮の期間損益は，次のように計算される。

$$\widetilde{P}_{ALM}[0,1] = \int_0^1 d\widetilde{R}_{ALM}(t) + \int_0^1 dN\widetilde{V}_{ALM}(t) - \int_0^1 C_{ALM} \cdot dt \tag{88}$$

したがって，期間損益の期待値と分散は，以下のようになる。

（期待値）

$$E\left[\widetilde{P}_{ALM}[0,1]\right] = \int_0^1 (A(t) \cdot p^*(t) - L(t) \cdot q^*(t) - C_{ALM}) \cdot dt$$

$$+ \int_0^1 \left(\theta_{GAP}(t) + \Delta_{GAP}(t) \cdot \mu(t) + \frac{1}{2} \cdot \sigma^2 \cdot \Gamma_{GAP}(t)\right) \cdot dt \tag{89}$$

（分　散）

$$V\left[\widetilde{P}_{ALM}[0,1]\right] = V\left[\int_0^1 \sigma \cdot d\widetilde{z}(s) \cdot \int_s^1 GAP(s,t-s) \cdot dt + \int_0^1 \Delta_{GAP}(s) \cdot \sigma \cdot d\widetilde{z}(s)\right]$$

$$= V\left[\int_0^1 d\widetilde{z}(s) \cdot \sigma \cdot \left[\int_s^1 GAP(s,t-s) \cdot dt + \Delta_{GAP}(s)\right]\right]$$

$$= \int_0^1 ds \cdot \sigma^2 \cdot \left[\int_s^1 GAP(s,t-s) \cdot dt + \Delta_{GAP}(s)\right]^2 \tag{90}$$

(7)　ここで，$GAP(s,t-s)$ と $\Delta_{GAP}(s)$ に制約条件（$|GAP(s,t-s)| < M_G$，$|\Delta_{GAP}(s)| < M_\Delta$）を付すと，ALM 部門の期間損益の分散は，次のように抑えることができる。

$$V\left[\widetilde{P}_{ALM}[0,1]\right] < \int_0^1 ds \cdot \sigma^2 \cdot \left[\int_s^1 |GAP(s,t-s)| \cdot dt + |\Delta_{GAP}(s)|\right]^2$$

$$< \int_0^1 ds \cdot \sigma^2 \cdot \left[\int_s^1 M_G \cdot dt + M_\Delta\right]^2$$

$$= \sigma^2 \left(\frac{1}{3} M_G^2 + M_\Delta^2 + M_G M_\Delta \right) \tag{91}$$

したがって，信頼度(α)の下で期間損益の悪化を期初資本配布額$(W_{ALM}(0))$の範囲内に抑制するための条件は次のようになる。

$$\phi_\alpha \cdot \sqrt{V\left[\widetilde{P}_{ALM}[0,1] \right]} < W_{ALM}(0) \tag{92}$$

すなわち，

$$\frac{1}{3} M_G^2 + M_\Delta^2 + M_G \cdot M_\Delta < \frac{W_{ALM}^2(0)}{\sigma^2 \cdot \phi_\alpha^2} \tag{93}$$

3.5.4 多通貨(Multi-Currency)ALM の概要

銀行のグローバル展開に合わせて，ALM も多通貨への対応が必要になっている。そこで，次に銀行の資産・負債が複数の通貨で構成される場合の ALMについて考えてみよう。

(1) 期中の時点$0 \le t \le 1$における資産・負債残高が次のように複数の通貨で表されるとする。

$$\left. \begin{array}{l} A(t) = A_0(t) + f_1(t) \cdot A_1(t) + \cdots + f_N(t) \cdot A_{N(t)} \\ L(t) = L_0(t) + f_1(t) \cdot L_1(t) + \cdots + f_N(t) \cdot L_{N(t)} \\ E(t) = E_0(t) \end{array} \right\} \tag{94}$$

但し，$A_n(t), L_n(t)$：第n通貨建ての資産・負債残高（原通貨表示）

$f_n(t)$：第n通貨と円貨の時点tの為替レート

$(n = 1, \cdots, N, \quad n = 0$ は円貨$)$

(2) このとき，第n通貨建て資産・負債からの期間利鞘$(\widetilde{R}_n[0,1]$：原通貨表示$)$は，次のように計算される。

$$\widetilde{R}_n[0,1] = \int_0^1 \left(A_n(t) \cdot p_n^*(t) - L_n(t) \cdot q_n^*(t) \right) \cdot dt$$

$$+ \int_0^1 \left[\int_0^t GAP_n(s, t-s) \cdot d\widetilde{r}_n(s) \right] \cdot dt \qquad (95)$$

但し，$p_n^*(t), q_n^*(t)$：第 n 通貨の新規金利シナリオに基づいて計算され
　　　　　　　　　　る既存資産・負債残高平均金利

　　　$GAP_n(s, t-s)$：第 n 通貨の新規取引シナリオに基づいて計算され
　　　　　　　　　　る時点 s からの gap

　　　$d\widetilde{r}_n(s)$：時点 s での第 n 通貨の新規金利シナリオの乱れ

(3)　各通貨からの期間利鞘を計算し，期末の為替レートで円換算して合算し
　て，ALM 部門経費を控除すると，ALM 部門の期間損益（円建て）が得られる。

$$\widetilde{P}_{ALM}[0,1] = \sum_{n=0}^{N} \widetilde{f}_n(1) \cdot \widetilde{R}_n[0,1] - C_{ALM}$$

$$= \sum_{n=0}^{N} \widetilde{f}_n(1) \cdot \int_0^1 \left(A_n(t) \cdot p_n^*(t) - L_n(t) \cdot q_n^*(t) \right) \cdot dt$$

$$+ \sum_{n=0}^{N} \widetilde{f}_n(1) \cdot \int_0^1 \left[\int_0^t GAP_n(s, t-s) \cdot d\widetilde{r}_n(s) \right] \cdot dt - C_{ALM} \qquad (96)$$

(4)　この期間損益について，各通貨の金利変動や為替レート変動の連動性を
　考慮しながら，期待値や分散の計算を行う。そのような複雑な計算を簡易
　に行うにはモンテカルロ・シミュレーションによる方法が一般的である。

【補足事項❶】—————— ALM 手法の展開

　本文では，まず実現損益の金利リスクに注目して「1 因子 GAP 分析」，「1 因子 Dynamic GAP 分析」，「2 因子 GAP 分析」，「2 因子 Dynamic GAP 分析」，次に実現損益とともに「評価損益を考慮した ALM」，「多通貨 ALM」について見てきた。

　しかし実務では，さらに次のような要素も考慮する必要がある。

・多期間 ALM：生命保険 ALM や年金 ALM などでは 10 年，20 年を超える期間のリスク管理が必要になる。

・多因子 ALM：銀行間市場金利や貸出金利・預金金利，債券市場金利など，およびそれぞれの金利の期間構造を考慮するとさらに多因子の ALM が必

			1 期間				多期間
			円貨		多通貨		
			実現損益		実現損益＋評価損益		
			GAP 分析	D-GAP 分析			
約定期限	金利変動	1 因子	●	●	●	●	→
		2 因子	●	●	○		
			↓				
		多因子					
			↓				
約定期限変動 コア預金 期限前返済等							

【表 1】 ALM 手法の展開

（●本文で考察したもの，○【補足事項❷】参照）

要になる。

・既存取引残高や新規取引シナリオが変動する ALM：コア預金効果や期限
　前返済，デフォルト発生，コミットメント契約の実行など取引残高が変動
　する要素を考慮する必要がある(注)。

　それぞれの金融機関の業務内容や，必要とされる精度に応じて ALM を構成
することが重要である。

(注)　特に資金繰り管理としての ALM では，契約条件の不履行等に伴う Cash
　　　Flow スケジュールの変更は重要になる。

【補足事項❷】—————評価損益考慮の 2 因子 ALM

実現損益＋評価損益の「2 因子 ALM 部門損益プロセス」は次のようになる。

$$dW\widetilde{}_{ALM}(t) = d\widetilde{R}_{ALM}(t) + dN\widetilde{V}_{ALM}(t) - C_{ALM} \cdot dt \qquad (97)$$

$$= A(t) \cdot p^*(t) \cdot dt - L(t) \cdot q^*(t) \cdot dt - C_{ALM} \cdot dt \text{（実現損益期待値）}$$

$$+ \left(\int_0^t GAP(s, t-s) \cdot \sigma_1 \cdot d\widetilde{z}_1(s) \right) \cdot dt$$

$$+ \left(\int_0^t GAP^j(s, t-s) \cdot \sigma_2 \cdot d\widetilde{z}_2(s) \right) \cdot dt \qquad \text{（同乱れ）}$$

$$+ \left(\theta_{GAP}(t) + \Delta_{GAP}^{(1)}(t) \cdot \mu_1(t) + \Delta_{GAP}^{(2)}(t) \cdot \mu_2(t) \right) \cdot dt \text{（評価損益期待値）}$$

$$+ \left(\frac{1}{2} \left(\sigma_1^2 \cdot \Gamma_{GAP}^{(1)}(t) + \sigma_2^2 \cdot \Gamma_{GAP}^2(t) \right) \right) \cdot dt$$

$$+ \Delta_{GAP}^{(1)}(t) \cdot \sigma_1 \cdot d\widetilde{z}_1(t) \qquad \text{（同乱れ）}$$

$$+ \Delta_{GAP}^{(2)}(t) \cdot \sigma_{21} \cdot d\widetilde{z}_2(t)$$

但し，金利変動シナリオと乱れは以下の通り。

$$d\widetilde{r}^s(t) = \mu_1(t) \cdot dt + \sigma_1 \cdot d\widetilde{z}_1(t) \qquad \text{（パラレルシフト）}$$

$$d\widetilde{u}(t) = d\widetilde{r}^l(t) - d\widetilde{r}^s(t) = \mu_2(t) \cdot dt + \sigma_2 \cdot d\widetilde{z}_2(t) \text{（長短金利差シフト）}$$

$$\theta_{GAP}(t) = \theta_A(t) - \theta_L(t) : \text{シータ・ギャップ}$$

$$\Delta_{GAP}^{(1)}(t) = \Delta_A^{(1)}(t) - \Delta_L^{(1)}(t) : \text{パラレルシフトデルタ・ギャップ※}$$

$$\Delta_{GAP}^{(2)}(t) = \Delta_A^{(2)}(t) - \Delta_L^{(2)}(t) : \text{長短金利差シフトデルタ・ギャップ※}$$

$$\Gamma_{GAP}^{(1)}(t) = \Gamma_A^{(1)}(t) - \Gamma_L^{(1)}(t) : \text{パラレルシフトガンマ・ギャップ※}$$

$$\Gamma^{(2)}_{GAP}(t)=\Gamma^{(2)}_{A}(t)-\Gamma^{(2)}_{L}(t)：長短金利差シフトガンマ・ギャップ※$$

※これらのデルタ・ガンマの計算は【補足事項❹】の「方向微分」によって定義される。

（演習2）　評価損益考慮の2因子 ALM のリスク制約条件(リスク枠)を作れ。

【補足事項❸】————————金利の期間構造の変動

金利スワップなどの<u>銀行間市場</u>や国債などの<u>債券市場</u>は，金融取引の満期によって利率が異なる「金利の期間構造」を持っている。その金利の期間構造が時間とともに変動する様子を見てみよう。

(1)　金利の期間構造を持つ金融市場（上記の銀行間市場または債券市場）の，一定間隔の観測点 $t_i (i=1,\cdots,n)$ における，期間 $\tau_m (m=1,\cdots,M)$ の金利を，$\{r_m(t_i)\}$ で表すものとする（【図5】参照）。

【図5】　金利の期間構造の変動のイメージ

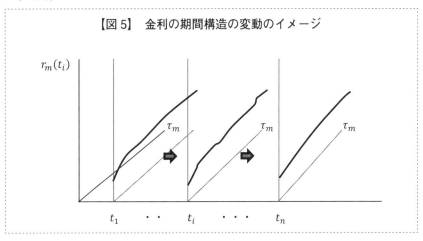

(2)　各期間 τ_m の金利変動 $(dr_m(t))$ がそれぞれ確率変数であるとして，これらを並べてベクトルとした「$\widetilde{dr} ={}^t(\widetilde{dr_1},\cdots,\widetilde{dr_M})$」の時系列サンプル「$\{\widetilde{dr}(t_i)\}$」$(i=1,\cdots,n)$ について次のような因子分析を行った。

$$\begin{pmatrix} \widetilde{dr_1}(t) \\ \cdot \\ \cdot \\ \widetilde{dr_M}(t) \end{pmatrix} = \begin{pmatrix} a_{1,1} \\ \cdot \\ \cdot \\ a_{1,M} \end{pmatrix} \cdot \tilde{f}_1(t) + \begin{pmatrix} a_{2,1} \\ \cdot \\ \cdot \\ a_{2,M} \end{pmatrix} \cdot \tilde{f}_2(t) + \begin{pmatrix} a_{3,1} \\ \cdot \\ \cdot \\ a_{3,M} \end{pmatrix} \cdot \tilde{f}_3(t) + \tilde{\varepsilon}(t) \quad (98)$$

　金利変動は相互に独立な 3 つの因子 $(\tilde{f}_1(t),\ \tilde{f}_2(t),\ \tilde{f}_3(t))$ で引き起こされるものとして，それぞれの形状 $(a_{1,m})$，$(a_{2,m})$，$(a_{3,m})$ と情報量を求めた。

(3)　分析の結果，【図 6】のような因子構造が得られた。

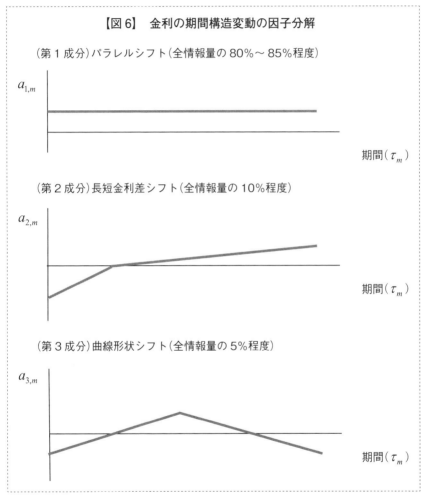

【図 6】　金利の期間構造変動の因子分解

（第 1 成分）パラレルシフト（全情報量の 80%〜85%程度）

$a_{1,m}$

期間(τ_m)

（第 2 成分）長短金利差シフト（全情報量の 10%程度）

$a_{2,m}$

期間(τ_m)

（第 3 成分）曲線形状シフト（全情報量の 5%程度）

$a_{3,m}$

期間(τ_m)

　この第 1 成分，第 2 成分をモデル化して，パラレル（短期金利）シフトと長短金利差シフトの 2 因子 GAP 分析，2 因子 Dynamic GAP 分析を組み立てることができる。

⑷　金利の期間構造の変動を表現するには，このように互いに直交する変動因子を用いる方法と，各満期$(\tau_m : m = 1, \cdots, M)$の金利変動$(d\tilde{r}_m(t))$をそのまま変動因子にする方法(Grid point 法という)がある。それらは線形変換によって相互に変換することができる。

【補足事項❹】──────**方向微分とデルタ分析の一般化**

　このようにして得られた「金利の期間構造の変動構造$(a_{1,m})$, $(a_{2,m})$, $(a_{3,m})$」を用いて，金利変動に対する金融取引価格の感応度の定義を一般化することができる。

(1)　時点 t の金融取引価格$(V(t))$が，金利の期間構造$((r_1, \cdots, r_M))$によって下記のように計算されているとする。

$$V(t) = V\big(r_1(t), \cdots\cdots, r_M(t)\big) \tag{99}$$

(2)　Grid point による金利感応度は，次のように定義される。多変数関数の偏微分である。これは，grid point sensitivity と呼ばれている。

$$\Delta_m(t) = \frac{\partial V(t)}{\partial r_m}$$

$$= \lim_{h_m \to 0} \frac{V(r_1(t), \cdots, r_m(t)+h_m, \cdots, r_M(t)) - V(r_1(t), \cdots, r_M(t))}{h_m} \quad (m = 1, \cdots, M) \tag{100}$$

　これを用いて金融取引価格の変動は，次のように計算される。

$$dV(t) = \Delta_1(t) \cdot dr_1 + \cdots + \Delta_M(t) \cdot dr_M \tag{101}$$

(3)　それに対して，**【補足事項❸】**で見た「金利の期間構造の変動因子」を用いて，金利感応度を次のように定義する。

$$\Pi_k(t) = \lim_{\pi_k \to 0} \frac{V(r_1(t)+\pi_k \cdot a_{k,1}, \cdots, r_M(t)+\pi_k a_{k,M}) - V(r_1(t), \cdots, V_M(t))}{\pi_k} \tag{102}$$

$$(k = 1,2,3)$$

　多変数関数の方向微分を用いた感応度の定義である。それぞれを次のように呼ぶことにしよう。

　　k=1　$\Pi_1(t)$：パラレルシフトデルタ

　　k=2　$\Pi_2(t)$：長短金利差シフトデルタ

　　k=3　$\Pi_3(t)$：曲線形状シフトデルタ

因子分析では，各変動因子 $\left((a_{k,1}, \cdots, a_{k,M}), \ k = 1,2,3 \right)$ は，ノルムが 1 になるように規格化されることが多い。この感応度によって金融取引価格の変動は，次のように計算される。

$$dV(t) = \Pi_1(t) \cdot f_1(t) + \Pi_2(t) \cdot f_2(t) + \Pi_3(t) \cdot f_3(t) \tag{103}$$

このように感応度を定義することによって，金利の期間構造の変動に対する感応度情報を整理することができる。

（演習 3）　方向微分を使ってガンマの定義の一般化を検討せよ。

（演習 4）　金利の期間構造の変動因子 $(\bar{f}_k(t) : k = 1,2,3)$ への感応度 $(\Pi_k(t))$ と，グリッドポイントデルタ $(\Delta_m(t))$ の相互関係を示せ。

【章末問題】

(1) 一般に銀行の AL 構造は negative gap ($GAP(t) < 0$) であると言われている（金利が上昇すると期間利鞘は減少する構造）。しかし，今の低金利環境から金利が上昇に転じると，銀行の期間利鞘は改善するとも言われている。これはなぜか。GAP 分析の前提条件をチェックして期間利鞘が改善する理由を説明せよ。

(p.80 参照)

(2) ALM 部門の収益性確保の条件(41)式を導出せよ。この式の導出には途中で近似計算を用いている。銀行の（会計上の）自己資本比率の水準を勘案しながら，この式がどの程度の精度で成り立つかをチェックせよ。

(p.87 参照)

(3) ALM 部門の期間損益の分散を計算する過程で，積分順序の交換を行った後に(49)式から(50)式に変形する。このような変形ができることを説明せよ。

(p.88 〜 p.89 参照。ブラウン運動が独立過程であることを用いる)

(4) p.95 の 2 因子 ALM の 2 つの GAP への制約条件が，(76)式のように変形できて，これが楕円上の点に対応することを説明せよ。

(2 次曲線の基本形への変形である)

(5) p.96 のデュレーションの性質①〜④を確認せよ。また，デュレーションの加法公式((82)式)について説明せよ。

(6) 金利の期間構造の変動を因子分析によって分析した(【補足事項❸】)。因子分析において，「主因子」を用いると互いに直交することを確認せよ。

(p.106 参照)

(7) (91)式, (93)式を説明せよ。

(p.100 参照)

(8) 本書ではカバーできなかったが，文献を探して以下の事項について調べて
みよ。これらはストレス・テストでも重要になる（【補足事項❶】参照）。

- ・住宅ローンの期限前返済額に影響する要因
- ・コア預金モデル
- ・コミットメントラインモデル

第4章　トレーディング部門の管理

第4章

4.1　トレーディング部門の構成

　銀行が行う金融取引には，バンキング取引とトレーディング取引がある。

　顧客との間で金融取引を成立させて満期まで保有するのがバンキング取引である。貸出や預金などがそれに当たり，利息の受け払いの差額（＝利鞘）が収益源となる。

　それに対して，金融市場を通じて金融商品を売買して，その際の売買損益を収益源にするのがトレーディング取引である。銀行のトレーディングでは，債券や外貨やデリバティブスなどが売買の対象となる。

　トレーディングを行うにあたって，金融市場から金融商品を購入する場合には購入資金が必要となる。また，金融商品を空売り（sell short）した場合には売却資金が入ってきて，それを運用しなければならない。その役割を果たすのが，ここでもALM部門である。貸出部門に対して行ったのと同じように，トレーディング部門が必要とする資金をALM部門から内部取引として貸借することによって，ALM部門はトレーディング部門の資金繰りを代行する。ALM部門とトレーディング部門の間の貸借は短期資金によって行う。

　トレーディング部門とALM部門の資金貸借のバランス・シートは【図1】の

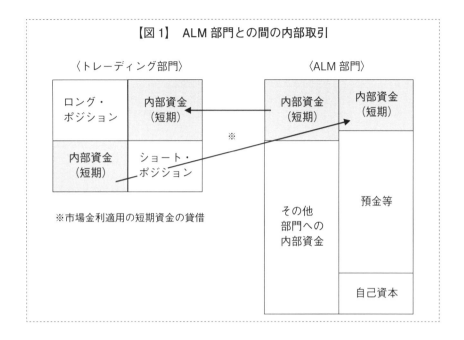

【図1】 ALM 部門との間の内部取引

〈トレーディング部門〉　　　　　　　　　〈ALM 部門〉

※市場金利適用の短期資金の貸借

ようになる。

4.2 トレーディング部門の損益プロセス

まず始めに，トレーディング部門の損益プロセスを導出しよう。

そのために，時点 $t \in [0,1]$ でトレーディング部門がポジションとして保有する個々の金融取引 $i(i = 1, \cdots, n)$ の市場価格を $v_i(t)$ で表す。

(1) 個々のトレーディング取引の市場価格(評価価格)

$$v_i(t) = v_i(t, x_1, \cdots, x_K) \tag{1}$$

但し，$x_1, \cdots, x_K$：価格決定要因(リスク因子とも呼ぶ)

$v_{i,0}$：金融取引 i の簿価(当初売買時の市場価格＝売買価格)

(2) これらの取引を合算してトレーディング部門のポジション評価価格が計

算される。

$$V(t,x_1,\cdots,x_K)=\sum_{i=1}^{n}\pm\left(v_i(t,x_1,\cdots,x_K)-v_{i,0}\right) \tag{2}$$

（注）　ロング・ポジションは＋で，ショート・ポジションは－で表示する。

(3)　各トレーディング取引の市場価格は，時間の経過(dt)および価格決定要因の変動($dx_1,\cdots,dx_K$)とともに次のように変動する（形式的に冪級数展開）。

$$dv_i(t)=\frac{\partial v_i}{\partial t}\cdot dt+\frac{\partial v_i}{\partial x_1}\cdot dx_1+\cdots+\frac{\partial v_i}{\partial x_K}\cdot dx_K+\frac{1}{2}\sum_{j,k=1}^{K}\frac{\partial^2 v_i}{\partial x_j \partial x_k}dx_j dx_k$$

$$=\theta^i\cdot dt+\Delta_1^i\cdot dx_1+\cdots+\Delta_K^i\cdot dx_K+\frac{1}{2}\sum_{j,k=1}^{K}\Gamma_{j,k}^i dx_j dx_k \tag{3}$$

したがって，それらを合算したポジション評価額の変動 $dV(t)$ は次のようになる。

$$dV(t)=\sum_{i=1}^{n}dv_i(t)$$

$$=\left(\sum_{i=1}^{n}\theta^i\right)\cdot dt+\sum_{k=1}^{K}\left(\sum_{i=1}^{n}\Delta_k^i\right)\cdot dx_k+\frac{1}{2}\sum_{j,k=1}^{K}\left(\sum_{i=1}^{n}\Gamma_{j,k}^i\right)\cdot dx_j dx_k$$

$$=\theta\cdot dt+\sum_{k=1}^{K}\Delta_k\cdot dx_k+\frac{1}{2}\sum_{j,k=1}^{K}\Gamma_{j,k}\cdot dx_j dx_k \tag{4}$$

（注）　ポジションによる±は $v_i(t)$ に含まれるとする。

（注）　ポジション全体の時間感応度を θ，価格変動要因 x_k へのポジション全体の1次感応度を Δ_k，同じく x_j，x_k への2次感応度を $\Gamma_{j,k}$ と表記することにする。

(4)　ここで，価格変動要因($dx_k(t)$)は，次の正規過程に従って変動すると仮定する。

$$d\widetilde{x}_k(t)=\mu_k(t)dt+\sigma_k d\widetilde{Z}_k(t),\quad d\widetilde{Z}_k(t)\sim N(0,dt)\text{ の Brown 運動} \tag{5}$$

$$Cov\left[d\widetilde{Z}_j(t),d\widetilde{Z}_k(t)\right]=\rho_{j,k}\cdot dt$$

(注) ボラティリティ，相関係数は一定とする。

(5) これを(4)式に代入すると次式が得られる(dt^2 以上の微小項を省略)。

$$d\widetilde{V}(t) = \theta(t) \cdot dt + \sum_{k=1}^{K} \Delta_k(t) \cdot d\widetilde{x}_k(t) + \frac{1}{2}\sum_{j,k=1}^{K} \Gamma_{j,k}(t) \cdot d\widetilde{x}_j(t) d\widetilde{x}_k(t)$$

$$= \theta(t) \cdot dt + \sum_{k=1}^{K} \Delta_k(t)\left(\mu_k(t)dt + \sigma_k d\widetilde{Z}_k(t)\right) + \frac{1}{2}\sum_{j,k=1}^{K} \Gamma_{j,k}(t)\sigma_j\sigma_k d\widetilde{Z}_j(t) \cdot d\widetilde{Z}_k(t)$$

$$= \left[\theta(t) + \sum_{k=1}^{K} \Delta_k(t) \cdot \mu_k(t) + \frac{1}{2}\sum_{j,k=1}^{K} \Gamma_{j,k}(t) \cdot \rho_{j,k}\sigma_j\sigma_k\right] \cdot dt + \sum_{k=1}^{K} \Delta_k(t) \cdot \sigma_k d\widetilde{Z}_k(t) \quad (6)$$

(6) 期初にトレーディン部門に配布される資本額を $W_{Trade}(0)$ とする。

(7) この $W_{Trade}(0)$ を初期財産額として，トレーディング部門の財産額は以下のような損益プロセスによって変動する。

$$d\widetilde{W}_{Trade}(t) = d\widetilde{V}(t) - \left(\sum_{i=1}^{n} \pm v_{i,0}\right) \cdot r(t) \cdot dt - C_{Trade} \cdot dt \quad (7)$$

但し，$\left(\sum_{i=1}^{n} \pm v_{i,0}\right) \cdot r(t) \cdot dt$ は ALM 部門との貸借資金の利息

$C_{Trade} \cdot dt$ は期間中のトレーディング部門の経費支出である。

整理すると，次の<u>トレーディング部門の損益プロセス</u>が得られる。

$$d\widetilde{W}_{Trade}(t) = \left[(\theta(t) - V_0(t) \cdot r(t)) + \sum_{k=1}^{K} \Delta_k(t) \cdot \mu_k(t) + \frac{1}{2}\sum_{j,k=1}^{K} \Gamma_{j,k}(t)\rho_{j,k}\sigma_j\sigma_k - C_{Trade}\right] \cdot dt$$

$$+ \sum_{k=1}^{K} \Delta_k(t) \cdot \sigma_k \cdot d\widetilde{Z}_k(t) \quad (8)$$

但し，$V_0(t) = \sum_{i=1}^{n} \pm v_{i,0}$: 時点 t で*存続する*ポジションについて合算

4.3　期間損益とその期待値・分散

(1)　トレーディング部門の財産額は，初期値を $W_{Trade}(0)$ として次のように変動する。

$$\widetilde{W}_{Trade}(t) = W_{Trade}(0) + \int_0^t d\widetilde{W}_{Trade}(s) \tag{9}$$

また，トレーディング部門の期間損益（$\widetilde{P}_{Trade}[0,1]$）は次のように計算される（財産法）。

$$\widetilde{P}_{Trade}[0,1] = \widetilde{W}_{Trade}(1) - W_{Trade}(0) = \int_0^1 d\widetilde{W}_{Trade}(s)$$

$$= \int_0^1 \left[\theta(t) - V_0(t) \cdot r(t) + \sum_{k=1}^K \Delta_k(t) \cdot \mu_k(t) + \frac{1}{2} \sum_{j,k=1}^K \Gamma_{j,k}(t) \cdot \rho_{j,k} \sigma_j \sigma_k - C_{Trade} \right] \cdot dt$$

$$+ \int_0^1 \sum_{k=1}^K \Delta_k(t) \cdot \sigma_k \cdot d\widetilde{Z}_k(t) \tag{10}$$

(2)　この期間損益について期待値と分散を計算すると次のようになる。

＜期待値＞

$$E\left[\widetilde{P}_{Trade}[0,1]\right] = \int_0^1 (\theta(t) - V_0(t) \cdot r(t)) \cdot dt + \sum_{k=1}^K \int_0^1 \Delta_k(t) \cdot \mu_k(t) \cdot dt$$

$$+ \frac{1}{2} \sum_{j,k=1}^K \int_0^1 \Gamma_{j,k}(t) \cdot \rho_{j,k} \cdot \sigma_j \cdot \sigma_k \cdot dt - C_{Trade} \tag{11}$$

＜分　散＞

$$V\left[\widetilde{P}_{Trade}[0,1]\right] = V\left[\sum_{k=1}^K \int_0^1 \Delta_k(t) \cdot \sigma_k \cdot d\widetilde{Z}_k(t) \right]$$

（正規過程は独立過程なので）

$$= \int_0^1 V \left[\sum_{k=1}^K \Delta_k(t) \cdot \sigma_k \cdot d\widetilde{Z}_k(t) \right] = \int_0^1 E \left[\left(\sum_{k=1}^K \Delta_k(t) \cdot \sigma_k \cdot d\widetilde{Z}_k(t) \right)^2 \right]$$

$$= \int_0^1 \sum_{j,k=1}^K \Delta_j(t) \cdot \Delta_k(t) \cdot \rho_{j,k} \cdot \sigma_j \cdot \sigma_k \cdot dt$$

これをベクトルと行列で表示すれば,

$$V \left[\widetilde{P}_{Trade}[0,1] \right] = \int_0^1 {}^t\Delta(t) \cdot \Omega \cdot \Delta(t) \cdot dt \tag{12}$$

但し,$\Delta(t) = {}^t\left(\Delta_1(t), \cdots, \Delta_K(t) \right)$,$\Omega = \left(\rho_{j,k} \sigma_j \sigma_k \right) : dx_k(t)$ の分散共分散
行列

4.4　収益性確保への要請と対応

「第 1 章　全体構想」で見たように,トレーディング部門の期間損益の期待
値に対しては,株主から次のような収益性条件が要請される。

$$E \left[\widetilde{P}_{Trade}[0,1] \right] \geq \lambda_{Trade} \cdot W_{Trade}(0) \tag{13}$$

しかしながら,トレーディングは期間中の各時点において,金融市場の状況
に応じてポジションを構成して収益の獲得を狙うような取引手法である。期間
中を通じて一貫した手法を用いて計画的に収益を上げることは困難である。そ
の時々の市場の状況に応じてポジションを再構成していくことが必要となる。

時点 t までの損益の積み上がりが巡航速度をキープしているか否かのチェッ
クは,以下の条件式によって行うことができる。

$$P[0,t] = \int_0^t dW_{Trade}(s) \geq \lambda_{Trade} \cdot W_{Trade}(0) \cdot t \tag{14}$$

以下では,代表的なトレーディング戦略について見ていくことにしよう。

＜トレーディング戦略＞

トレーディング部門の損益プロセスの期待値をあらためて下記で表示する。

$$E\left[d\widetilde{W}_{Trade}(t)\right] = \cdot(\theta(t) - V_0(t) \cdot r(t)) \cdot dt + \sum_{k=1}^{K} \Delta_k(t) \cdot \mu_k(t) \cdot dt$$

$$+ \frac{1}{2} \sum_{j,k=1}^{K} \Gamma_{j,k}(t) \cdot \rho_{j,k} \sigma_j \sigma_k \cdot dt - C_{Trade} \cdot dt \quad (15)$$

この期待値実現のために，どこに着目するかによってトレーディング戦略が異なる。

(1)　**Directional Trading**

市場変動が期待できるときに，その方向性（$\mu_k(t) > 0$ または $\mu_k(t) < 0$）を予測し，予測が当れば収益が獲得できるようにデルタ・ポジションを構成するような手法。

$\mu_k(t) > 0$ ならば $\Delta_k(t) > 0$，$\mu_k(t) < 0$ ならば $\Delta_k(t) < 0$

$\mu_k(t) \cdot \Delta_k(t) > 0$ の獲得をターゲットとしてトレーディングを行う方法が Directional Trading である。

(2)　**Carry Trading**

市場変動に方向性が期待できず（$\mu_k(t) \approx 0$），変動性も小さいと予想される（$\sigma_k \approx 0$）ときに，第一項で収益が取れる（$\theta(t) - V_0(t) \cdot r(t) > 0$）場合には，デルタ・ポジションを構成しつつ，「$\theta(t) - V_0(t) \cdot r(t) > 0$」を収益源としてトレーディングを実行する方法が Carry Trading である。

(3)　**Arbitrage Trading**

市場の状況によってはデルタ・ガンマなどのポジション（リスク）をとらないで，一定内容の売買取引を同時に実行することによって収益が確定することがある（Arbitrage Opportunity という）。その場合の収益源は「$\theta(t) - V_0(t) \cdot r(t) > 0$」

である。

(4) Gamma Trading(Volatility Trading)

ガンマ項($\frac{1}{2}\sum_{j,k=1}^{K}\Gamma_{j,k}(t)\cdot\rho_{j,k}\sigma_j\sigma_k\cdot dt$)を利用して収益を獲得する方法もある。それについては章末の【補足事項❷】で説明する。

【事例1】 債券トレーディングの例

時点 t における債券の元本評価額は次のように表される(連続複利で表示)。

$$V(t)=\sum_{i=1}^{m}c\cdot F\cdot e^{-r\cdot(t_i-t)}+F\cdot e^{-r\cdot(t_m-t)}-c\cdot F\cdot(t-t_0) \tag{16}$$

但し，c：クーポン利率(少数表示)

　　　r：市場金利(少数表示)

　　　F：額面価格(パー $=100$ 円)

　　　t_0：前回利払時点，$t_1,\cdots,t_m$：満期までの利払時点

時点 $(t,t+dt)$ 間の価格変動は次のようになる。

$$dV(t)=\frac{\partial V}{\partial t}dt+\frac{\partial V}{\partial r}\cdot dr+\frac{1}{2}\frac{\partial^2 V}{\partial r^2}dr^2$$

$$=(r\cdot V-c\cdot F)\cdot dt-D\cdot V\cdot dr+\frac{1}{2}C\cdot V\cdot dr^2 \tag{17}$$

但し，

$$D=\left(\sum_{i=1}^{m}(t_i-t)\cdot c\cdot F\cdot e^{-r(t_i-t)}+(t_m-t)\cdot F\cdot e^{-r\cdot(t_m-t)}\right)/V：\text{Duration} \tag{18}$$

$$C=\left(\sum_{i=1}^{m}(t_i-t)^2\cdot c\cdot F\cdot e^{-r(t_i-t)}+(t_m-t)^2\cdot F\cdot e^{-r\cdot(t_m-t)}\right)/V：\text{Convexity} \tag{19}$$

金利変動を次のようにモデル化する。

$$dr(t)=\mu(t)\cdot dt+\sigma\cdot d\widetilde{Z}(t) \qquad d\widetilde{Z}(t)\sim N(0,dt) \tag{20}$$

これを価格変動の式に代入すると，以下のようになる。

$$dV(t) = \left[(r \cdot V - c \cdot F) - D \cdot V \cdot \mu(t) + \frac{1}{2} C \cdot \sigma^2 \right] \cdot dt - D \cdot V \cdot \sigma \cdot d\widetilde{Z}(t) \quad (21)$$

この価格変動を要素に分解すると，次のように解釈できる。

① 市場が変化しなくても発生する財産変動

$$(r \cdot V - c \cdot F) \cdot dt = (r - c) \cdot F \cdot dt - (F - V) \cdot r \cdot dt \quad (22)$$

$(r - c) \cdot F \cdot dt$：市場金利とクーポン金利の差による効果

$-(F - V) \cdot r \cdot dt$：評価額と額面金額の違いの調整

② 予想する金利変動に基づく価格変動

$$-D \cdot V \cdot \mu(t) \cdot dt + \frac{1}{2} \cdot C \cdot V \cdot \sigma^2 \cdot dt \quad (23)$$

③ 予想外の金利変動に基づく価格変動

$$-D \cdot V \cdot \sigma \cdot d\widetilde{Z}(t) \quad (24)$$

　経過利子や ALM 部門への資金コスト支払を考慮すると，債券トレーディングの損益は，次のように表すことができる。

$$d\widetilde{W}(t) = F \cdot c \cdot dt + d\widetilde{V}(t) - V_0 \cdot r(t) \cdot dt \quad (25)$$

$F \cdot c \cdot dt - V_0 \cdot r(t) \cdot dt$ のことをキャリー（Carry）損益と呼ぶ。

4.5　日々のポジションに対するリスク制約

　トレーディング部門の期間損益についてのもう一つの要請は債権者（預金者等）からの要請で，「一定の信頼度（α）の下で発生し得る最大損失額が，当初にトレーディング部門に配布した自己資本額（$W_{Trade}(0)$）で処理できる範囲内に収まるようにする」というものである。

$$\Phi_\alpha \left(-(\widetilde{P}_{Trade}[0,1] - E[\widetilde{P}_{Trade}[0,1]]) \right) \leq W_{Trade}(0) \quad (26)$$

各時点(t)における損益プロセス$(d\widetilde{W}_{Trade}(t))$が正規過程であると仮定しているので，それを期間内$[0,1]$で積み上げた期間損益$(\widetilde{P}_{Trade}[0,1])$は正規分布となる。

$$\widetilde{P}_{Trade}[0,1] \sim N\left(E\left[\widetilde{P}_{Trade}[0,1]\right], V\left[\widetilde{P}_{Trade}[0,1]\right]\right) \tag{27}$$

したがって，期待値で規格化した期間損益の分布のα点$\Phi_\alpha\left(-\left(\widetilde{P}_{Trade}[0,1]-E\left[\widetilde{P}_{Trade}[0,1]\right]\right)\right)$は，標準偏差$\left(\sqrt{V\left[\widetilde{P}_{Trade}[0,1]\right]}\right)$と定数$(\phi_\alpha)$を用いて次のように表される。

$$\Phi_\alpha\left(-(\widetilde{P}_{Trade}[0,1]-E\left[\widetilde{P}_{Trade}[0,1]\right])\right) = \phi_\alpha \cdot \sqrt{V\left[\widetilde{P}_{Trade}[0,1]\right]} \tag{28}$$

両辺を2乗すれば，債権者からの要請は(12)式から次のように整理される。

$$V\left[\widetilde{P}_{Trade}[0,1]\right] = \int_0^1 {}^t\Delta(t) \cdot \Omega \cdot \Delta(t) \cdot dt \leq \frac{W_{Trade}(0)^2}{\phi_\alpha^2} \tag{29}$$

各時点(t)でデルタポジション$(\Delta(t))$に次のような制約を課すとする。

$$\left| {}^t\Delta(t) \cdot \Omega \cdot \Delta(t) \right| = {}^t\Delta(t) \cdot \Omega \cdot \Delta(t) \leq M \tag{30}$$

（注）　分散共分散行列は正値対称行列なので絶対値は外せる。

これを(29)式に代入すると，

$$\int_0^1 {}^t\Delta(t) \cdot \Omega \cdot \Delta(t) \cdot dt \leq \int_0^1 M \cdot dt = M \leq \frac{W_{Trade}(0)^2}{\phi_\alpha^2} \tag{31}$$

すなわち，日々のトレーディングポジション$\Delta(t)$に対して，

$$ {}^t\Delta(t) \cdot \Omega \cdot \Delta(t) \leq \frac{W_{Trade}(0)^2}{\phi_\alpha^2} \tag{32}$$

という制約を課せば，期間損益は一定の信頼度αの下，初期配布資本$W_{Trade}(0)$で処理できる範囲の損失額に止められることがわかる。

（注）　但し，これは期初の状況$(W_{Trade}(0))$を「条件」として設定された条件付き制約であることに注意が必要である（「4.6　期中にリスク枠を変更する状況」を参照）。

4.5.1　具体例：2因子(独立)の場合

この式の意味を考えるために，$K=2$ で2つの因子が独立の場合について考えてみよう。デルタポジション($\Delta(t)$)とリスク因子の分散共分散行列(Ω)は次のようになる。

$$\Delta(t)={}^t\left(\Delta_1(t),\Delta_2(t)\right), \qquad \Omega=\begin{pmatrix} \sigma_1^2 & 0 \\ 0 & \sigma_2^2 \end{pmatrix} \tag{33}$$

(32)式の条件を具体的に計算すると，

$$\left(\Delta_1(t),\Delta_2(t)\right)\cdot\begin{pmatrix} \sigma_1^2 & 0 \\ 0 & \sigma_2^2 \end{pmatrix}\cdot\begin{pmatrix} \Delta_1(t) \\ \Delta_2(t) \end{pmatrix}=\sigma_1^2\Delta_1(t)^2+\sigma_2^2\Delta_2(t)^2\le\frac{W_{Trade}(0)^2}{\phi_\alpha^2} \tag{34}$$

書き換えると次式が得られる。すなわち，デルタポジションを，【図2】の楕円の内部にとることが制約条件となる。

$$\frac{\Delta_1(t)^2}{\left(\dfrac{W_{Trade}(0)}{\phi_\alpha\cdot\sigma_1}\right)^2}+\frac{\Delta_2(t)^2}{\left(\dfrac{W_{Trade}(0)}{\phi_\alpha\cdot\sigma_2}\right)^2}\le1 \tag{35}$$

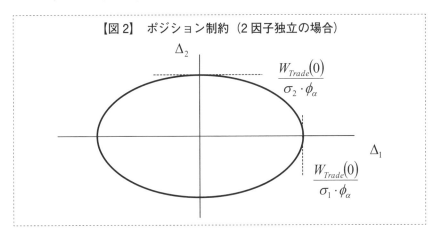

【図2】　ポジション制約（2因子独立の場合）

4.5.2 具体例：2因子(従属)の場合

2つの因子が独立でない場合には，分散共分散行列は次のようになる。

$$\Delta(t) = {}^t\left(\Delta_1(t), \Delta_2(t)\right), \quad \Omega = \begin{pmatrix} \sigma_1^2 & \rho\sigma_1\sigma_2 \\ \rho\sigma_1\sigma_2 & \sigma_2^2 \end{pmatrix} : \text{非対角項が現れる} \quad (36)$$

一般に対称行列は直交行列で対角化することができて，それが正値行列ならば対角成分は正値となる。分散共分散行列は正値対称であるから，対角化する直交行列を P とすると，

$$P \cdot \Omega \cdot {}^t P = \begin{pmatrix} \lambda_1^2 & 0 \\ 0 & \lambda_2^2 \end{pmatrix} = \Lambda, \quad {}^t P \cdot P = I \qquad \text{逆に，} \Omega = {}^t P \cdot \Lambda \cdot P \quad (37)$$

ベクトル $\Delta(t)$ をこの P で変換したものを $D(t)$ と置くと，

$$D(t) = P \cdot \Delta(t) = {}^t\left(D_1(t), D_2(t)\right) \quad (38)$$

$$
\begin{aligned}
{}^t\Delta(t) \cdot \Omega \cdot \Delta(t) &= {}^t\Delta(t) \cdot \left({}^t P \cdot \Lambda \cdot P\right) \cdot \Delta(t) \\
&= \left({}^t\Delta(t) \cdot {}^t P\right) \cdot \Lambda \cdot \left(P \cdot \Delta(t)\right) \\
&= {}^t D(t) \cdot \Lambda \cdot D(t) \le \frac{W_{Trade}(0)^2}{\phi_\alpha^2}
\end{aligned}
\quad (39)
$$

直交行列 (P) で回転させた座標系 (D_1, D_2) で見れば，2因子が独立の場合と同様の組立てによって，$D(t) = {}^t\left(D_1(t), D_2(t)\right)$ を以下の楕円の中に取ればよいことがわかる。

$$\frac{D_1(t)^2}{\left(\dfrac{W_{Trade}(0)}{\phi_\alpha \cdot \lambda_1}\right)^2} + \frac{D_2(t)^2}{\left(\dfrac{W_{Trade}(0)}{\phi_\alpha \cdot \lambda_2}\right)^2} \le 1 \quad (40)$$

もとの座標系 (Δ_1, Δ_2) で見れば，傾いた楕円の中にポジションを取ることになる(【図3】参照)。

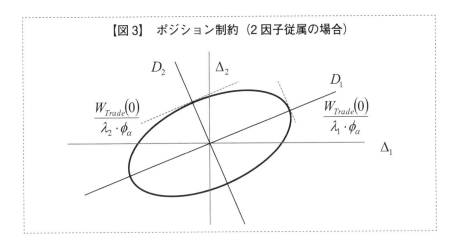

【図3】　ポジション制約（2因子従属の場合）

4.5.3　デルタ枠の設定

　変動因子のそれぞれのデルタに対して個別にリスク枠を設定する方法がある。「デルタ枠」と呼ばれている。日々のポジションが，$\left|\Delta_1(t)\right| \leq M_1$，$\left|\Delta_2(t)\right| \leq M_2$ となるように制御する方法である。2因子独立の場合で考えると，デルタ枠によって制約されたポジションが，本来のポジション制約式である，

$$\frac{\Delta_1(t)^2}{\left(\dfrac{W_{Trade}(0)}{\phi_\alpha \cdot \sigma_1}\right)^2} + \frac{\Delta_2(t)^2}{\left(\dfrac{W_{Trade}(0)}{\phi_\alpha \cdot \sigma_2}\right)^2} \leq 1 \tag{41}$$

を満たすための十分条件は，$\left(M_1, M_2\right)$ が次の条件を満たすことである。

$$\frac{M_1^2}{\left(\dfrac{W_{Trade}(0)}{\phi_\alpha \cdot \sigma_1}\right)^2} + \frac{M_2^2}{\left(\dfrac{W_{Trade}(0)}{\phi_\alpha \cdot \sigma_2}\right)^2} \leq 1 \tag{42}$$

これは楕円に内接する長方形を取ることに相当する（【図4】参照）。

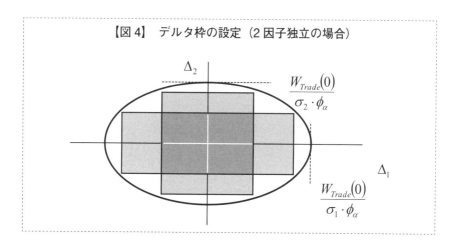

【図4】 デルタ枠の設定（2因子独立の場合）

デルタ枠は，2因子従属の場合に元の変動因子への感応度(Δ_1, Δ_2)に対して設定すると，【図5】のようになり，非常に窮屈なポジション枠となる可能性があり注意が必要である。

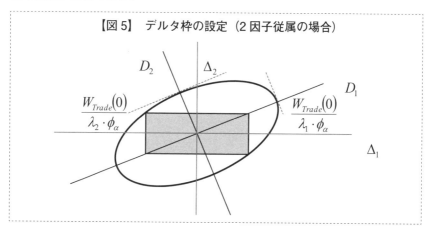

【図5】 デルタ枠の設定（2因子従属の場合）

4.5.4　日々のポジションに対するリスク制約（一般化）

リスク制約についてのイメージ作りのために，変動因子が2個の場合を用いて，リスク制約条件の意味について考えた。次に，変動因子がn個の一般の

場合について考えてみよう。

　日々のリスク制約は，次の式で与えられる。

$$
{}^{t}\Delta(t)\cdot\Omega\cdot\Delta(t)\leq\frac{W_{Trade}(0)^2}{\phi_{\alpha}^2} \tag{32}
$$

リスク因子の分散共分散行列 Ω は正値対称行列なので，直交行列 P によって対角化することができ，対角化された行列の対角成分は正値となる。

$$
P\cdot\Omega\cdot{}^{t}P=\begin{pmatrix}\lambda_1^2 & \cdot & 0 \\ \cdot & \cdots & \cdot \\ 0 & \cdot & \lambda_K^2\end{pmatrix}=\Lambda,\ \ \Omega={}^{t}P\cdot\Lambda\cdot P,\ \ {}^{t}P\cdot P=P\cdot{}^{t}P=I_K \tag{43}
$$

ここで，$P\cdot\Delta=D={}^{t}(D_1,\cdots,D_K)$ と置くと，

$$
\begin{aligned}
{}^{t}\Delta\cdot\Omega\cdot P&={}^{t}\Delta\cdot({}^{t}P\cdot\Lambda\cdot P)\cdot\Delta={}^{t}(P\cdot\Delta)\cdot\Lambda\cdot(P\cdot\Delta)\\
&={}^{t}D\cdot\Lambda\cdot D
\end{aligned} \tag{44}
$$

$$
{}^{t}D(t)\cdot\Lambda\cdot D(t)=\sum_{k=1}^{K}D_k^2\cdot\lambda_k^2\leq\frac{W_{Trade}(0)^2}{\phi_{\alpha}^2} \tag{45}
$$

したがって，次のようなリスク制約式が得られる。これが一般の場合の制約式である。

$$
\sum_{k=1}^{K}\frac{D_k^2}{\left(\dfrac{W_{Trade}(0)}{\lambda_k\cdot\phi_{\alpha}}\right)^2}\leq 1 \tag{46}
$$

　次に，各 D の絶対値にそれぞれ上限を設定する（デルタ枠に相当）ことを考えてみよう。

$$
\left.\begin{aligned}
|D_1|&=|p_{1,1}\cdot\Delta_1+\cdots+p_{1,K}\cdot\Delta_K|\leq M_1\\
&\cdot\ \cdot\ \cdot\ \cdot\ \cdot\ \cdot\ \cdot\ \cdot\ \cdot\\
|D_K|&=|p_{K,1}\cdot\Delta_1+\cdots+p_{K,K}\cdot\Delta_K|\leq M_K
\end{aligned}\right\} \tag{47}
$$

このとき，$M_1, \cdots, M_K$は，以下の制約式を満たすように設計する必要がある。

$$\sum_{k=1}^{K} \frac{M_k^2}{\left(\dfrac{W_{Trade}(0)}{\lambda_k \cdot \phi_\alpha}\right)^2} \le 1 \tag{48}$$

4.5.5　実務へのインプリケーション

このように直交変換(リスク因子への感応度空間 $\Delta_1, \cdots, \Delta_K$ の回転に相当)された空間 $(D_1, \cdots, D_K)$は，どのような意味を持つのであろうか。

元のリスク因子ベクトル(x_k)の主成分がそれに対応するが，情報量の少ない主成分を落として因子空間を構成し，さらにその因子空間を回転させれば自由度は高くなる。

よく知られた例としては，金利変動を様々なグリッドポイント(年限)で取ってリスク因子とし，その分散共分散行列を対角化するように主成分を取ると，第一因子(パラレルシフト)，第二因子(長短金利差シフト)，第三因子(イールドカーブの曲り具合のシフト)などの因子が得られる。意味のある直交変換が得られる例である。

また，通貨間の為替レートの変動の主成分を取って，各国通貨間に存在する基本変動要因を求めたり，各国の株価変動の主成分を取ってみると，意味のある因子が得られることが期待できる。

しかし，全リスク因子を一斉に主成分に変換すると，解釈に苦しむようなリスク因子が多数登場する恐れがある。意味のあるリスク因子でないと，直感が重要視される実務では使うことができない。あらかじめ分散共分散行列をいくつかのブロックに分けて，その中では意味のあるリスク因子を抽出し，ブロック相互間では相互の影響度が少ないような構成にすることができれば都合がよい(言うのは簡単だが…)。

【事例2】　デルタ枠を最も広くとる方法

(解説)制約条件

$$\frac{M_1^2}{\left(\dfrac{W_{Trade}(0)}{\phi_\alpha \cdot \sigma_1}\right)^2} + \frac{M_2^2}{\left(\dfrac{W_{Trade}(0)}{\phi_\alpha \cdot \sigma_2}\right)^2} \leq 1 \tag{49}$$

の下で，$F(M_1, M_2) = M_1 \cdot M_2$(面積)を最大にするようなものを求める。

Lagrangean を $\Psi(\varphi, M_1, M_2)$ とすると，

$$\Psi(\varphi, M_1, M_2) = M_1 \cdot M_2 - \varphi \cdot \left(\frac{M_1^2}{\left(\dfrac{W_{Trade}(0)}{\phi_\alpha \cdot \sigma_1}\right)^2} + \frac{M_2^2}{\left(\dfrac{W_{Trade}(0)}{\phi_\alpha \cdot \sigma_2}\right)^2} - 1\right) \tag{50}$$

最大化のための条件は下記のようになる。

$$\frac{\partial \Psi}{\partial M_1} = M_2 - 2 \cdot \varphi \cdot M_1 \cdot \frac{1}{\left(\dfrac{W_{Trade}(0)}{\phi_\alpha \cdot \sigma_1}\right)^2} = 0 \tag{51}$$

$$\frac{\partial \Psi}{\partial M_2} = M_1 - 2 \cdot \varphi \cdot M_2 \cdot \frac{1}{\left(\dfrac{W_{Trade}(0)}{\phi_\alpha \cdot \sigma_2}\right)^2} = 0 \tag{52}$$

$$\frac{\partial \Psi}{\partial \varphi} = \frac{M_1^2}{\left(\dfrac{W_{Trade}(0)}{\phi_\alpha \cdot \sigma_1}\right)^2} + \frac{M_2^2}{\left(\dfrac{W_{Trade}(0)}{\phi_\alpha \sigma_2}\right)^2} - 1 = 0 \tag{53}$$

これらの条件式を解くと，以下の結果が得られる。

$$M_1 = \frac{W_{Trade}(0)}{\sqrt{2} \cdot \phi_\alpha \cdot \sigma_1} \ , \quad M_2 = \frac{W_{Trade}(0)}{\sqrt{2} \cdot \phi_\alpha \cdot \sigma_2} \tag{54}$$

4.6　期中にリスク枠を変更する状況

　トレーディングポジションのポジション枠(M)は，期初の資本配布額($W_{Trade}(0)$)とリスク管理の信頼度(α)に対応して期初において次のように決まった。

$${}^t\Delta(t) \cdot \Omega \cdot \Delta(t) \leq M = \frac{W_{Trade}(0)^2}{\phi_\alpha^2} \tag{37}$$

　期初から時間が経過して，途中の時点$t \in [0,1]$における期初からの累積損益が$P_{Trade}[0,t]$になったとする。

$$P_{Trade}(t) = \int_0^t dW_{Trade}(s) \tag{55}$$

$$W_{Trade}(t) = W_{Trade}(0) + P_{Trade}[0,t] \tag{56}$$

　残存期間$(t,1)$におけるポジション枠を，期初に設定したMでそのまま継続した場合に，その期間に発生する損益の分散は次のようになる。

$$V\left[\widetilde{P}_{Trade}[t,1]\right] = V\left[\sum_{k=1}^K \int_t^1 \Delta_k(s) \cdot \sigma_k \cdot d\widetilde{Z}_k(s)\right] = \int_t^1 {}^t\Delta(s) \cdot \Omega \cdot \Delta(s) \cdot ds$$

$$\leq \int_t^1 M \cdot ds = M \cdot (1-t) = \frac{W_{Trade}(0)^2}{\phi_\alpha^2} \cdot (1-t) \tag{57}$$

　したがって，残存期間$(t,1)$で発生し得る信頼度αの最大損失額が$W_{Trade}(t)$で抑えられるための条件は下記のようになる。

$$\phi_\alpha \cdot \sqrt{V\left[\widetilde{P}_{trade}[t,1]\right]} \leq \phi_\alpha \cdot \frac{W_{Trade}(0)}{\phi_\alpha} \sqrt{1-t} \leq W_{Trade}(t) = W_{Trade}(0) + P_{Trade}[0,t]$$

　すなわち，

$$W_{Trade}(0) \cdot \sqrt{1-t} \leq W_{Trade}(0) + P_{Trade}[0,t] \tag{58}$$

これを $P_{Trade}[0,t]$ について整理すると，次式のような条件式が得られる。

$$P_{Trade}[0,t] \geq W_{Trade}(0) \cdot \left(\sqrt{1-t} - 1 \right) \tag{59}$$

さらに，この式を t について解くと，次のようになる。

$$t \geq -\frac{P_{Trade}[0,t]}{W_{Trade}(0)} \cdot \left(\frac{P_{Trade}[0,1]}{W_{Trade}(0)} + 2 \right) = 1 - \left(\frac{P_{Trade}[0,1]}{W_{Trade}(0)} + 1 \right)^2 \tag{60}$$

この関係式を図示すると【図6】となる。

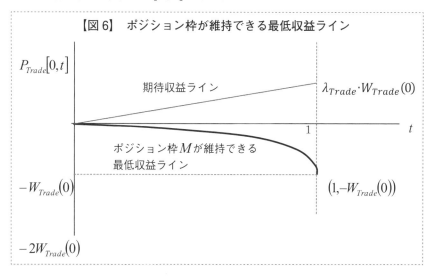

【図6】　ポジション枠が維持できる最低収益ライン

このグラフは時間 t の経過とともに，期初に設定したポジション枠 M が維持できるための「最低収益ライン」を表している。縦軸（期間損益）と $\left(0, -2W_{Trade}(0)\right)$ で交わり，頂点 $\left(1, -W_{Trade}(0)\right)$ を持つ放物線の上側である。

得られた放物線に $t=0$ で接線を引くと，接線は次式で表されることがわかる。

$$P_{Trade}[0,t] = -\frac{1}{2} \cdot W_{Trade}(0) \cdot t \tag{61}$$

また，株主が要求する期待収益が，時間経過とともに順調に積み上がってい
くための期待収益ラインは次式で与えられる（トレーディング収益積み上げの
巡航速度）。

$$P_{Trade}[0,t] = \lambda_{Trade} \cdot W_{Trade}(0) \cdot t \tag{62}$$

期中の時点 $t \in [0,1]$ において，トレーディング損益の積み上がり状況に合わ
せてポジション枠を $L(t)$ に修正することを考えてみよう。

期中に想定を上回るトレーディング利益が得られても，当初に設定したポジ
ション枠 M を修正することはしないが，損失が先行した場合には，残存期間
に発生しうる信頼度 α の最大損失額が $W_{Trade}(t) = W_{Trade}(0) + P_{Trade}[0,t]$ で抑えら
れるようにポジション枠を下方修正することにしたい。

そのためには，次のようなチェックをすればよいことがわかる。

$$L(t) = Min\left\{ \left(\frac{W_{Trade}(0)}{\phi_\alpha}\right)^2, \left(\frac{W_{Trade}(0) + P_{Trade}[0,t]}{\phi_\alpha \cdot \sqrt{1-t}}\right)^2 \right\} \tag{63}$$

（演習1） （63)式を導出せよ。

4.7 ロスカット・ルールについて

ポジション枠の修正と同様の目的で行うのが<u>ロスカット・ルール</u>である。

ロスカット・ルールとは，期中のトレーディング損失の累積額があらかじめ
設定した金額（ロスカット水準）を超えた場合には，すべてのポジションを強制
的に閉じ，あらためて資本配布をやり直してトレーディング業務を再開すると
いうものである。

以下で，このロスカット・ルールについて考えてみよう。ロスカット水準に

達する確率についての考察が主要なテーマである。

(1)　トレーディング部門への期初の資本配布額（$W_{Trade}(0)$）に対して，期初からの累積損失が$P_{Trade}[0,t]=-H$ $(0<H<W_{Trade}(0))$ となった場合にポジションを閉じるとする。

(2)　トレーディング部門の損益プロセスは以下の通りであった。

$$d\widetilde{W}_{Trade}(s)=d\widetilde{V}(s)-\left(\sum_{i=1}^{n}\pm v_{i,0}\right)\cdot r(s)\cdot ds-C_{Trade}\cdot ds$$

$$=\left[(\theta(s)-V_0(s)\cdot r(s))+\sum_{k=1}^{K}\Delta_k(s)\cdot\mu_k(s)+\frac{1}{2}\sum_{j,k=1}^{K}\Gamma_{j,k}(s)\cdot\rho_{j,k}\sigma_j\sigma_k-C_{Trade}\right]\cdot ds$$

$$+\sum_{k=1}^{K}\Delta_k(s)\cdot\sigma_k\cdot d\widetilde{Z}_k(s) \tag{8}$$

但し，$V_0(s)=\sum_{i=1}^{n}\pm v_{i,0}$：時点 s で存続するポジションについて合算

(3)　この損益プロセスによる期間損益の積み上がりを $\widetilde{X}_t\left(=\widetilde{P}_{Trade}[0,t]=\int_0^t d\widetilde{W}_{Trade}(s)\right)$ と置くと，$\widetilde{X}_t$ はトレンド項とボラティリティ項が刻々と変化する Brown 運動となるが，議論を簡単にするために，ここでは株主が期待する期間損益（$\lambda\cdot W_{Trade}(0)$）達成に向けてラップを積み上げるようにポジションを取り続けるとして，

$$E\left[\widetilde{X}_t\right]=\lambda\cdot W_{Trade}(0)\cdot t \tag{64}$$

また，そのためにリスク枠の許容範囲一杯のポジションを取り続けるとして，

$$V\left[\widetilde{X}_t\right]=\pi^2\cdot W_{Trade}(0)^2\cdot t,\qquad \pi=\frac{1}{\phi_\alpha} \tag{65}$$

したがって，確率過程 $\widetilde{X}_t$ の変動を次のように仮定する。

$$\widetilde{X}_t\sim N\left(\lambda\cdot W_{Trade}(0)\cdot t,\pi^2\cdot W_{Trade}(0)^2\cdot t\right) \tag{66}$$

(4) 一般に確率過程 $\widetilde{X}_t \sim N(\mu \cdot t, \sigma^2 t)$ が，最初に $\widetilde{X}_t = y (y > 0)$ に到達する時刻を $T_X(y)$ とすると，Brown 運動の最小到達時刻に関して以下のことが知られている（Harrison, J. M. "Brownian Motion and Stochastic Flow Systems" 1985, Wiley など）。

$$P\{T_X(y) > t\} = \Phi\left(\frac{y - \mu \cdot t}{\sigma\sqrt{t}}\right) - e^{\frac{2\mu \cdot t}{\sigma^2}} \cdot \Phi\left(\frac{-y - \mu \cdot t}{\sigma\sqrt{t}}\right) \tag{67}$$

<First passage time の分布>

(5) これをトレーディング部門のロスカット問題に当てはめると，確率過程 $-\widetilde{X}_t$ が H に到達する時刻の問題と考えることができる。確率過程 $-\widetilde{X}_t$ は，

$$-\widetilde{X}_t \sim N\left(-\lambda \cdot W_{Trade}(0) \cdot t, (\pi \cdot W_{Trade}(0))^2 t\right) \tag{68}$$

であるから，(15) 式に $\mu = -\lambda \cdot W_{Trade}(0)$，$\sigma = \pi \cdot W_{Trade}(0)$，$y = H = k \cdot W_{Trade}(0)$ を代入することによって次式が得られる。

$$\begin{aligned} P\{T_{-X}(H) > t\} &= \Phi\left(\frac{k \cdot W + \lambda \cdot W \cdot t}{\pi \cdot W \sqrt{t}}\right) - e^{\frac{-2\lambda \cdot t}{\pi^2 W}} \cdot \Phi\left(\frac{-k \cdot W + \lambda \cdot W \cdot t}{\pi \cdot W \sqrt{t}}\right) \\ &= \Phi\left(\frac{k + \lambda \cdot t}{\pi\sqrt{t}}\right) - e^{\frac{-2\lambda \cdot t}{\pi^2 W}} \cdot \Phi\left(\frac{-k + \lambda \cdot t}{\pi\sqrt{t}}\right) \end{aligned} \tag{69}$$

但し，$W = W_{Trade}(0)$ と略記した。

(6) したがって，$t = 1$ とすれば，次のような確率が得られる。

<期中にロスカットに掛からない確率>

$$P\{T_{-X}(H) > 1\} = \Phi\left(\frac{k + \lambda}{\pi}\right) - e^{\frac{-2\lambda}{\pi^2 W}} \cdot \Phi\left(\frac{-k + \lambda}{\pi}\right) \tag{70}$$

<期中にロスカットに掛かる確率>

$$\begin{aligned} P\{T_{-X}(H) < 1\} &= 1 - P\{T_{-X}(H) > 1\} \\ &= 1 - \Phi\left(\frac{k + \lambda}{\pi}\right) + e^{\frac{-2\lambda}{\pi^2 W}} \cdot \Phi\left(\frac{k + \lambda}{\pi}\right) \end{aligned} \tag{71}$$

【補足事項❶】————————最適トレーディングポジションの問題

Directional Trading では，市場のトレンド，

$$E\left[{}^{t}\left(d\tilde{x}_1(t),\cdots,dx_K(t)\right)\right]={}^{t}\left(\mu_1(t),\cdots,\mu_K(t)\right) \tag{72}$$

を予測してポジション $\Delta(t)={}^{t}\left(\Delta_1(t),\cdots,\Delta_K(t)\right)$ を張り，制約条件，

$$\sum_{k=1}^{K}\frac{D_k(t)^2}{\left(\dfrac{W_{trade}(0)}{\lambda_k\cdot\phi_\alpha}\right)^2}\leq 1$$

$$\text{但し，} D(t)={}^{t}\left(D_1(t),\cdots,D_K(t)\right),\quad D(t)=P\cdot\Delta(t) \tag{73}$$

の下で，下記の損益期待値を最大化することが課題となる。

$$E\left[d\tilde{V}(t)\right]=dt\cdot\sum_{k=1}^{K}\mu_k(t)\cdot\Delta_k(t) \tag{74}$$

> **＜問題＞**　市場変動トレンドの予測値 ${}^{t}\left(\mu_1(t),\cdots,\mu_K(t)\right)$ が得られたとき，損
> 益の期待値を最大にするようなポジション $\Delta(t)={}^{t}\left(\Delta_1(t),\cdots,\Delta_K(t)\right)$
> をどのように構成すればよいか。

(1)　変数変換 P によって，目的関数を $D(t)={}^{t}\left(D_1(t),\cdots,D_K(t)\right)$ に関する以
　　下のものに置き換えて，

$$F(\Delta)=\sum_{k=1}^{K}\Delta_k(t)\cdot\mu_k(t)=\sum_{k=1}^{K}D_k(t)\cdot v_k(t)=G(D) \tag{75}$$

$$\text{但し，} {}^{t}\left(D_1(t),\cdots,D_K(t)\right)=P\cdot{}^{t}\left(\Delta_1(t),\cdots,\Delta_K(t)\right)$$

$$ {}^{t}\left(v_1(t),\cdots,v_K(t)\right)=P\cdot{}^{t}\left(\mu_1(t),\cdots,\mu_K(t)\right)$$

これを次の制約条件の下で，最大化する問題に変換する。

$$\sum_{k=1}^{K} \frac{D_k(t)^2}{\left(\dfrac{W_{trade}(0)}{\lambda_k \cdot \phi_\alpha}\right)^2} \leq 1 \tag{76}$$

(2)　Lagrange 関数 $\Psi(D,\varphi)$ を以下のように置くと,

$$\Psi(D(t),\varphi) = \sum_{k=1}^{K} D_k(t) \cdot \nu_k(t) - \varphi \cdot \left(\sum_{k=1}^{K} \frac{D_k(t)^2}{\left(\dfrac{W_{Trade}(0)}{\phi_\alpha}\right)^2} - 1\right) \tag{77}$$

　　最適化の条件は, $\Psi(D(t),\varphi)$ を各 $D_k(t)$ で偏微分して, 下記のように求められる。

$$\frac{\partial \Psi}{\partial D_k} = \nu_k(t) - \varphi \cdot \frac{2 \cdot D_k(t)}{\left(\dfrac{W_{Trade}(0)}{\lambda_k \cdot \phi_\alpha}\right)^2} = 0$$

これを $D_k(t)$ について解き,

$$D_k(t) = \frac{1}{2\varphi} \cdot \left(\frac{W_{Trade}(0)}{\lambda_k \cdot \phi_\alpha}\right)^2 \cdot \nu_k(t)$$

$D_k(t)$ に関する制約条件に代入すると,

$$\left(\frac{1}{2\varphi}\right)^2 \cdot \sum_{k=1}^{K} \left(\frac{W_{Trade}(0)}{\lambda_k \cdot \phi_\alpha}\right)^2 \nu_k^2 \leq 1$$

すなわち,

$$\frac{1}{2\varphi} \leq \sqrt{1 \bigg/ \sum_{k=1}^{K} \left(\frac{W_{Trade}(0)}{\lambda_k \cdot \phi_\alpha}\right)^2 \cdot \nu_k^2}$$

この制約式の上限をとると, 最適ポジションは次式となる。

$$D_k(t) = \left(\frac{W_{Trade}(0)}{\lambda_k \cdot \phi_\alpha}\right)^2 \cdot v_k \left/ \sqrt{\sum_{k=1}^{K}\left(\frac{W_{Trade}(0)}{\lambda_k \cdot \phi_\alpha}\right)^2 \cdot v_k^2} \right. \tag{78}$$

(3)　$D(t)$ を $\Delta(t)$ に変換すると次式になる。

　　直交変換の行列 P を $P = (p_{j,k})$ とすると，$\Delta(t) = {}^t P \cdot D(t)$, $v(t) = P \cdot \mu(t)$ であるから，

$$\Delta_k(t) = \sum_{j=1}^{K} p_{k,j} D_j(t), \qquad v_j(t) = \sum_{k=1}^{K} p_{j,k} \cdot \mu_k(t) \tag{79}$$

（演習2）　この式を日々のトレーディングに利用するとすれば，どのような情報があればよいか。実務に取り入れる場合に必要な情報について考察せよ。

【補足事項❷】───────ボラティリティ・トレーディング

　トレーディング戦略で言及したボラティリティ・トレーディングについて考えてみよう。

　まず，オプション価格を計算する Black-Scholes model から始める。Black-Scholes model は次の前提から構成される。

＜ Black-Scholes model ＞

① 原資産 $S(t)$ の価格変動

$$dS(t) = \mu \cdot S(t) \cdot dt + \sigma \cdot S(t) \cdot d\widetilde{Z}(t) \tag{80}$$

② 安全資産 $B(t)$ の価格変動

$$dB(t) = r \cdot B(t) \cdot dt \tag{81}$$

③ 完全市場の仮定

④ 裁定取引不可能な市場の仮定

　このとき，原資産 $S(t)$ に対する「満期 T，行使価格 K のコールオプション」の価格 $C(t)$ は次のように計算される。

$$C(t) = S(t) \cdot \Phi(d_1(t)) - K \cdot D(t,T) \cdot \Phi(d_2(t)) \tag{82}$$

$$\Phi(d) = \int_{-\infty}^{d} \frac{1}{\sqrt{2\pi}} e^{-\frac{1}{2}x^2} \cdot dx$$

$$d_1(t) = \frac{\log(S(t)/K) + (r + \sigma^2/2) \cdot (T-t)}{\sigma\sqrt{T-t}} \qquad d_2(t) = d_1(t) - \sigma\sqrt{T-t}$$

　このオプション価格を導出する際の考え方として，コールオプションに原資産と安全資産を組み合わせて「微小な時間経過(dt)の際にランダム項が消去される」ようにヘッジポジションを構成し，そのヘッジポジションが安全資産と裁定することを利用して，コールオプション価格が満たすべき偏微分方程式を

導く。

　その際には，原資産がボラティリティ一定の幾何ブラウン運動を行うことや，ヘッジのための取引コストが掛からないこと，連続的にヘッジが可能であることを前提とする。

　しかし，現実の金融市場はそうではない。

(1)　そこで，以下の仮定に置き換えて議論を修正してみよう。ヘッジの組み替えを，有限時間 Δt 間隔の離散点で行うとして，満期までの時間 $[0,T]$ を n 等分して，区切りとなる時点を次のように表記する。

$$0 = t_0 < t_1 < \cdots < t_n = T, \qquad \Delta t = t_i - t_{i-1} = T/n$$

(2)　一方で，Black-Scholes model で計算されたコールオプションの当初プレミアム $(C(0))$ は次のとおりである。

$$C(0) = S(0) \cdot \Phi(d_1(0)) - K \cdot D(0,T) \cdot \Phi(d_2(0))$$

Black-Scholes の世界では，$C(t)$ は $0 < t < T$ で次の偏微分方程式を満たす。

$$\frac{1}{2} C_{SS} \cdot \sigma^2 \cdot S^2 + C_t - r \cdot [C - C_S \cdot S] = 0 \tag{83}$$

　但し，$C_X = \dfrac{\partial C}{\partial X}$，$C_{XX} = \dfrac{\partial^2 C}{\partial X^2}$ と表記する。

時間経過 Δt の間に，コールオプション価格は次のように変化する。

$$\Delta C(t) = C_S \cdot S \cdot \left(\frac{\Delta S}{S}\right) + C_t \cdot \Delta t + \frac{1}{2} \cdot C_{SS} \cdot S^2 \cdot \left(\frac{\Delta S}{S}\right)^2 + o(\Delta t^{3/2}) \tag{84}$$

(3)　このオプションを売却した場合のヘッジポートフォリオ $(P(t))$ を次のように構成する。

$$P(t) = D \cdot S(t) + Q \tag{85}$$

　　　D：原資産の保有単位

Q：安全資産の金額

$$\Delta P(t) = D \cdot S \cdot \left(\frac{\Delta S}{S}\right) + r \cdot Q \cdot \Delta t + o\left(\Delta t^{3/2}\right) \tag{86}$$

(4)　ヘッジされたポジションを $H(t) = P(t) - C(t)$ とし，$D = C_S$，$Q = C - S_S \cdot S$ となるように，時点 t_i ごとに調整していくと，その調整によって各時点で常にコールオプオプションの価値 $C(t)$ を再現していくが，self-financing ではない（$\Delta P \neq \Delta C$：追加資金の投入や投入資金の一部回収が必要になる）。

資金過不足（ΔH）は，次のように計算される。

$$\Delta H = \Delta P - \Delta C$$

$$= (D \cdot S - C_S \cdot S) \cdot \left(\frac{\Delta S}{S}\right) + (r \cdot Q - C_t) \cdot \Delta t - \frac{1}{2} \cdot C_{SS} \cdot S^2 \cdot \left(\frac{\Delta S}{S}\right)^2 + o\left(\Delta t^{3/2}\right)$$

$$= \frac{1}{2} C_{SS} \cdot S^2 \left(\sigma^2 \cdot \Delta t - \left(\frac{\Delta S}{S}\right)^2\right) + o\left(\Delta t^{3/2}\right) \tag{87}$$

$$(\because) \quad r \cdot Q - C_t = r \cdot (C - C_S \cdot S) - C_t = \frac{1}{2} C_{SS} \cdot S^2 \cdot \sigma^2$$

（オプション価格が満たす偏微分方程式より）

(5)　コールオプションをプライシングしたときの予想ボラティリティは σ で，価格は (84) 式に従って変動するはずであった。

しかし，実際にヘッジしたときの原資産はボラティリティ δ で変動したとすると，

$$\left(\frac{\Delta S}{S}\right)^2 = \delta^2 \cdot \Delta t + o\left(\Delta t^{3/2}\right) \tag{88}$$

これを上式に代入すると，

$$\Delta H = \frac{1}{2} C_{SS} \cdot S^2 \cdot \left(\sigma^2 - \delta^2\right) \cdot \Delta t \tag{89}$$

すなわち，コールオプションを売却してダイナミックヘッジを行ったとき，

プライシング時の予想ボラティリティ(σ)に対して，実際にヘッジを行った際のボラティリティ(δ)が大きければヘッジ誤差(ΔH)はマイナスとなり，小さければプラスとなることがわかる。

(6)　このようなヘッジを期間$[0,T]$の間にΔt間隔で行ったとすると，コールオプション売却の契約による満期 cash flow は，ヘッジオペレーションによって次のように生成することができる。

$$C(T) = Max[S(T) - K, 0] = C(0) + \sum \Delta C$$

$$= C(0) + \sum \Delta P - \sum \Delta H \tag{90}$$

但し，$C(0)$：当初プレミアム（受取）

$$\sum \Delta P：デルタヘッジ効果$$

$$\sum \Delta H：ヘッジ誤差$$

(7)　このヘッジ誤差の「ヘッジ」に有効になるのが，バリアンス・スワップである。バリアンス・スワップとは，実現ボラティリティの2乗（＝バリアンス）に対する先渡し契約で，上記で議論したΔHの振れをヘッジすることができる。

(8)　この(89)式は，オプションの内包ボラティリティ(σ)の水準が，予想されるボラティリティ水準(δ)と比較して乖離があるときには，自らの都合でオプション取引を行い，それをデルタヘッジすることによって利益を得ることができることを示唆している。そのようなトレーディング戦略をボラティリティ・トレーディング（またはガンマ・トレーディング）と呼んでいる。

(9)　Leland, H. E. は，"Option Pricing and Replication with Transaction Costs"(1985, Journal of Finance 40, 1283-1301)で，離散ヘッジをする場合のヘッジ誤差と取引コストの影響について分析した。

（演習 3）　上記の Leland の論文を読んで論点を整理せよ。

　金融の学術論文では，金融商品の評価額を求めるのに「完全市場」，「完備市場」を仮定して議論することが多いが，現実の市場は明らかに「不完全」，「非完備」である。そのような学術論文の結果を実務に使用しようとする場合には，Leland の論文にあるような離散時間でのヘッジや原資産売買における取引コストなどを考慮する必要がある。それによって，「金融商品の bid-ask spread の幅を如何に設定すべきか」といった問題を考察することができるのである。

=【章末問題】=

(1)　トレーディング部門の期間損益の分散は次式となるが(p.117 参照)，

$$V\left[\widetilde{P}_{Trade}[0,1]\right]=V\left[\sum_{k=1}^{K}\int_{0}^{1}\Delta_{k}(t)\cdot\sigma_{k}\cdot d\widetilde{Z}_{k}(t)\right] \tag{11}$$

正規過程が独立過程であることを使ってこれを計算すると次式のように変形でき，

$$=\int_{0}^{1}V\left[\sum_{k=1}^{K}\Delta_{k}(t)\cdot\sigma_{k}\cdot d\widetilde{Z}_{k}(t)\right]=\int_{0}^{1}E\left[\left(\sum_{k=1}^{K}\Delta_{k}(t)\cdot\sigma_{k}\cdot d\widetilde{Z}_{k}(t)\right)^{2}\right]$$

$$=\int_{0}^{1}\sum_{j,k=1}^{K}\Delta_{j}(t)\cdot\Delta_{k}(t)\cdot\rho_{j,k}\cdot\sigma_{j}\cdot\sigma_{k}\cdot dt$$

ベクトルと行列によって表示すると(12)式になることを確認せよ．

$$V\left[\widetilde{P}_{Trade}[0,1]\right]=\int_{0}^{1}{}^{t}\Delta(t)\cdot\Omega\cdot\Delta(t)\cdot dt \tag{12}$$

但し，$\Delta(t)={}^{t}\left(\Delta_{1}(t),\cdots,\Delta_{K}(t)\right)$，$\Omega=\left(\rho_{j,k}\sigma_{j}\sigma_{k}\right)$: $dx_{k}(t)$の分散共分散行列

(2)　Directional Trading, Carry Trading, Arbitrage Trading を実行するためには，どのような条件をチェックすればよいか，そのためにはどのような情報が必要か．これらのトレーディングを実行するためのインフラ(情報・システムなど)について整理して説明せよ．

(p.119 参照)

(3)　(36)式から(40)式を導出する一連の手順を説明せよ．対称行列は直交行列で対角化できることがポイントとなる．適当な線形代数の教科書によって内容を確認せよ．

(p.124 参照)

(4)　期初に設定したポジション枠を期間中を通して維持できるための条件は，(59)式で与えられた．この(59)式を t について解くことによって(60)式が得られることを確認せよ．

$$P_{Trade}[0,t]\geq W_{Trade}(0)\cdot\left(\sqrt{1-t}-1\right) \tag{59}$$

$$t\geq -\frac{P_{Trade}[0,t]}{W_{Trade}(0)}\cdot\left(\frac{P_{Trade}[0,1]}{W_{Trade}(0)}+2\right)=1-\left(\frac{P_{Traade}[0,1]}{W_{Trade}(0)}+1\right)^{2} \tag{60}$$

(p.131 参照)

第 5 章　その他の問題

　ここまでの各章では，銀行の主要部門（貸出部門，ALM 部門，トレーディング部門）の収益性管理とリスク管理を，損益プロセスの算定，自己資本の配布，期間損益の期待値に対する収益性要請，期間損益の悪化に対するリスクの制約という共通の枠組みに従って構成してきた。

　この第 5 章では，それを補足する事項や新たな課題について考えてみよう。

5.1　部分管理と全体管理

　本書では，銀行の財務破綻の危険性をチェックするために統合リスク管理を行い，一方で，経営戦略を検討したり不都合な金融リスクを制御するためには統合管理では複雑すぎることから，内部資金システムによって銀行のＢ／Ｓを業務部門別に分割し，各部門に自己資本を配布して，業務部門毎に収益性条件とリスク制約条件を設定する業務部門別リスク管理の体制を組み立てた。

　そこで，次のような事項が問題になる。

1.　各部門で制約条件を満たしていれば銀行全体でも制約条件を満たすのか。
2.　銀行全体でも制約条件を満たすとして，資本の活用は効率的なのか（各部門の制約条件が強すぎる制約になっていないか）。
3.　部門の最適化行動が銀行全体の最適化につながるのか。

部門管理の組み立て方から，各部門の配布自己資本の合計と期間損益の合計は，全体の自己資本や期間損益と一致する（あるいは重要性の原則からは問題ない）はずである。

$$W_{Total}(0) = W_{Loan}(0) + W_{Trade}(0) + W_{ALM}(0) + W_{Buffer}(0) \quad (1)$$

$$\tilde{P}_{Total}[0,1] = \tilde{P}_{Loan}[0,1] + \tilde{P}_{Trade}[0,1] + \tilde{P}_{ALM}[0,1] \quad (2)$$

各部門に課せられる制約条件は次のとおりであった。

$$E\left[\tilde{P}_u[0,1]\right] > \rho_u \cdot W_u(0) \quad (3)$$

$$\Phi_\alpha\left[-\tilde{P}_u[0,1]\right] < W_u(0) \quad , \quad u \in \{Loan, Trade, ALM\} \quad (4)$$

これらの条件を充足することが，銀行全体での条件を充足することになるだろうか。

$$E\left[\tilde{P}_{Total}[0,1]\right] > \rho_{Total} \cdot W_{Total}(0) \quad (5)$$

$$\Phi_\alpha\left[-\tilde{P}_{Total}[0,1]\right] < W_{Total}(0) \quad (6)$$

(5)式は，期待値の加法性から $W_{Buffer}(0)$ に必要な収益の確保を考慮すれば対処できそうである。それでは(6)式についてはどうか。しかし，そのような問題を考える前に，銀行のＢ／Ｓを分割するのにさらなる「細分化」が必要な場合について見てみよう。

5.1.1　さらなる分割管理

(1)　貸出部門と営業部店管理

信用リスクを引き受ける部門として「貸出部門」を設定した。しかし，各銀行の実際の貸出業務は，業種や地域ごとに構成された「営業部店」で実行されている。営業部店では，本部から付与された権限（貸出金額や貸出方法などによる）に従って，独自の判断で貸出を実行し，営業部店の「貸出ポートフォリオ」を構成する。

それぞれの営業部店の業績管理(損益計算)を，当該営業部店が実行した個別貸出についての(7)式の合算として行うとすれば，営業部店の業務範囲制限(業種や地域)によって，信用リスク管理の本質である「与信分散」が制約されることになる。営業部店が担当する業種や地域を越えて与信分散を行うことができないからである。

$$\tilde{P}_i = p_i \cdot X_i - \bar{q}_i \cdot X_i - C_i - (1 - \theta_i) \cdot X_i \cdot \tilde{H}_i(1) \tag{7}$$

そこで，各営業部店は貸出部門本部の「資金管理機能」から貸出資金(元はALM 部門からの内部資金)を借り受けて取引先への貸出を実施するとともに，「信用リスク統括管理機能」から内部取引として CDS(Credit Default Swap)によるプロテクションを買って，信用リスクを「信用リスク統括管理機能」に移転させることを考える(【図 1】参照)。

これら一連の営業部店実施の貸出に伴う取引の損益は以下のようになる。

・貸出からの損益　$p_i \cdot X_i - (1 - \theta_i) \cdot X_i \cdot \tilde{H}_i(1)$ (8)

・内部資金の損益　$-\bar{q}_i \cdot X_i$ (9)

・CDS の損益　$-m_i \cdot X_i + (1 - \theta_i) \cdot X_i \cdot \tilde{H}_i(1)$ (10)

・経費　$-C_i$ (11)

　合　計　$p_i \cdot X_i - \bar{q}_i \cdot X_i - m_i \cdot X_i - C_i$ (12)

この損益は，CDS プレミアムが貸倒損失の期待値((13)式)として設定されていて，

$$m_i = E[(1 - \theta_i) \cdot \tilde{H}_i(1)] \tag{13}$$

とすれば，「リスク調整後損益(Risk Adjusted Profit)」と呼ばれるものに一致する((12)式がそれにあたる)。

一方，各部店取引先の信用リスクが集まる「信用リスク統括管理機能」では，営業部店からの CDS プレミアムと経営からの期初自己資本配布額に基づいて貸倒損失を管理することになる。これは貸出部門全体として考えた貸倒損失の管理と同じ問題である。

・営業部店から移転される信用リスク

【図1】 営業部店と信用リスク統括管理

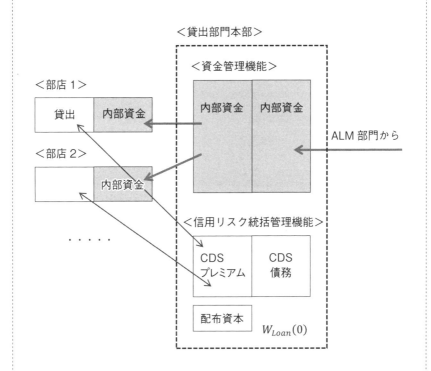

<部店1>
貸出　内部資金

<部店2>
内部資金

. . . . .

<貸出部門本部>

<資金管理機能>
内部資金　内部資金

ALM部門から

<信用リスク統括管理機能>

CDS
プレミアム　CDS債務

配布資本　$W_{Loan}(0)$

<営業部店損益>

・貸出から	$p_i \cdot X_i - (1 - \theta_i) \cdot X_i \cdot \widetilde{H}_i(1)$
・内部資金へ	$-\bar{q}_i \cdot X_i$
・CDS	$-m_i \cdot X_i + (1 - \theta_i) \cdot X_i \cdot \widetilde{H}_i(1)$
・経費	$-C_i$

　合　計　$p_i \cdot X_i - \bar{q}_i \cdot X_i - m_i \cdot X_i - C_i$ 　（リスク調整後損益）

<信用リスク統括管理機能>

・CDS合計　$\sum_i m_i \cdot X_i - \sum_i (1 - \theta_i) \cdot X_i \cdot \widetilde{H}_i(1)$
・自己配布資本　$W_{Loan}(0)$

$$-\sum_{i=1}^n (1 - \theta_i) \cdot X_i \cdot \widetilde{H}_i(0) \tag{14}$$

・営業部店からの CDS プレミアム

$$\sum_{i=1}^n m_i \cdot X_i \tag{15}$$

・経営からの自己資本配布

$$W_{Loan}(0) \tag{16}$$

ここで新たな問題が起こる。貸出ポートフォリオ全体の信用リスク構造を修正しようとする信用リスク統括管理機能が，一部の貸出を流動化（売却）する場合には，当該の貸出を実施した営業部店の損益として満期まで計上されるはずであった期間損益（(12)式）が営業部店の損益から消滅することになり，貸出の流動化を行う場合の営業部店の理解が得られにくくなるという問題である。

それに対する方策としては，

A. 貸出実行時に営業部店から貸出部門本部に当該貸出を売却して，その売却損益を貸出実行時（＝本部に売却時）に営業部店に一括計上する方法や，

B. 貸出売却後も銀行内の管理会計として，当初に予定された期間損益を貸出実行の営業部店に計上し続ける方法などが考えられる。

そのほか，第 2 章で議論した「貸出損益の収益性を貸出実行後にも高めていく施策」の効果が，CDS プレミアムの修正として営業部店の損益に反映されるような配慮が必要となる。

（演習 1）　営業部店の貸出損益の計上方法について，貸出部門本部が営業部店の反対を受けることなく貸出ポートフォリオの修正を行ったり，営業部店自身が収益性改善の努力を続ける動機付けとなるようなうまい方法はあるか。具体的なやりかたを考察せよ。

---

(2)　トレーディング部門の取引種類別管理

銀行の行うトレーディングの対象は外国為替，資金（金利），債券，各種デリ

バティブスなど多岐に亘っている。トレーディング業務を行うトレーダーは，それぞれが得意の分野を持ち，共通の分野を担当するトレーダーがチームを構成して業務を行っている。損益管理や金融リスク管理も，それらの取引対象をベースに構成されたチーム毎の勘定(ポジション)に対して行われて，各チーム毎に収益目標やポジション枠が設定されている。

　したがって，本書で考えたトレーディング部門の管理手法はさらにチーム毎(取引種類毎)の管理に分解して実施することが必要になる(【図2】参照)。

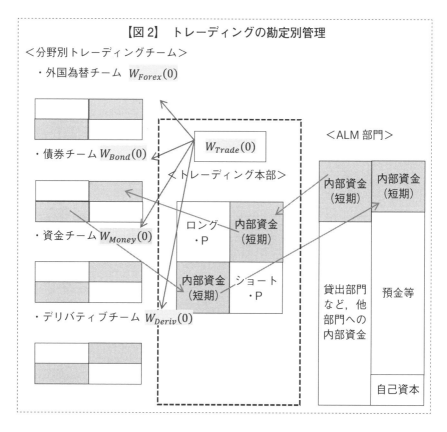

【図2】　トレーディングの勘定別管理

具体的には，以下のようなことを行う。

①　ALM 部門と貸借した内部資金は，各チームが構成するポジションに付

与して各チーム毎のＢ／Ｓを作る。

②　トレーディング部門に配布された自己資本（$W_{Trade}(0)$）は，各チーム別に再配布して，各チームの収益目標・ポジション枠を設定する基礎とする。

> （演習２）　各チーム別に配布された自己資本（$W_u(0); u \in \{Forex, Bond, Money, Deriv\}$）を基礎として，各チームの収益目標・ポジション枠を設定する方法について考察せよ。各チームのポジションに含まれリスク因子に重複がある（金利など）場合には注意が必要である。

(3)　デリバティブへの信用リスク反映と CVA デスク設置

2008 年金融危機の前までは，銀行間の取引（資金取引やデリバティブ取引）には基本的には信用リスクが無いものとしてプライシングされていたが，金融危機以降は大手銀行の取引にも信用リスクが考慮されるようになった（「Too big to fail」という考え方の修正）。

一般の与信取引では，信用リスクを考慮した価格評価は現在価値に割り引く際の割引金利を調整することによって算定することができる（【図3】参照）。

しかし，デリバティブ取引では，市場の状況によってその取引が与信になったり（受取キャッシュフロー＞支払キャッシュフロー），受信になったり（受取キャッシュフロー＜支払キャッシュフロー）するほか，取引先毎にネッティング契約を結んでデフォルト時にはすべての取引の評価価値をネッティングしてその差額を決済することや，そのようにネッティングされた価値に対して担保を置くような慣行が行われていて，信用リスク考慮のデリバティブの評価額計算は複雑になる。

デリバティブの信用リスク考慮による評価額の修正は，その考慮する対象の内容によって CVA（Credit Valuation Adjustment），DVA（Debt Valuation Adjustment），CCA（Collateral Cost Adjustment），FVA（Funding Valuation Adjustment）などと呼ばれており，それらを総称して XVA 問題と呼んでいる。

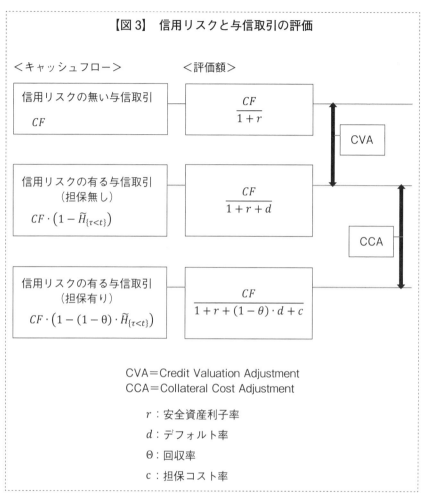

【図3】 信用リスクと与信取引の評価

<キャッシュフロー>　　　　<評価額>

| 信用リスクの無い与信取引 CF | $\dfrac{CF}{1+r}$ |

| 信用リスクの有る与信取引 （担保無し） $CF \cdot \left(1 - \widetilde{H}_{\{\tau<t\}}\right)$ | $\dfrac{CF}{1+r+d}$ |

| 信用リスクの有る与信取引 （担保有り） $CF \cdot \left(1 - (1-\theta) \cdot \widetilde{H}_{\{\tau<t\}}\right)$ | $\dfrac{CF}{1+r+(1-\theta) \cdot d + c}$ |

CVA＝Credit Valuation Adjustment
CCA＝Collateral Cost Adjustment

r：安全資産利子率
d：デフォルト率
θ：回収率
c：担保コスト率

XVA 問題は最近の銀行実務の上での重要なテーマの一つになっている。

（演習3）　文献を探して，XVA 問題について整理せよ。
　　　　　たとえば，Lu, D.［2016］"The XVA of Financial Derivatives: CVA, DVA and FVA Explained", Palgrave Macmillan　など

　銀行間のデリバティブ取引に信用リスクが考慮されるようになると，そのリスク管理を行う組織にも工夫が必要になる（【図4】参照）。

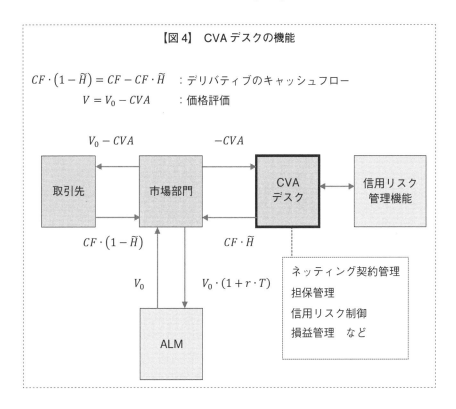

【図4】　CVA デスクの機能

$$CF \cdot \left(1 - \tilde{H}\right) = CF - CF \cdot \tilde{H} \quad : デリバティブのキャッシュフロー$$
$$V = V_0 - CVA \quad : 価格評価$$

$V_0 - CVA$　　　　　$-CVA$

取引先　　市場部門　　CVA デスク　　信用リスク管理機能

$CF \cdot \left(1 - \tilde{H}\right)$　　　$CF \cdot \tilde{H}$

V_0　　　$V_0 \cdot (1 + r \cdot T)$

ALM

ネッティング契約管理
担保管理
信用リスク制御
損益管理　など

　たとえば，デリバティブ取引の信用リスク（キャッシュフローでは $-CF \cdot \tilde{H}$，評価額では CVA）に相当する部分を「**CVA デスク**」という機能で一括管理して，従来の市場部門（トレーディング部門）は専ら市場リスクのみを管理するような方法が考えられている。

　CVA デスクでは，ネッティング契約や担保を一括管理するほか，信用リスクの制御や信用リスク相当部分の損益管理などを担当する。このような CVA の管理は，銀行が行うその他金融取引の信用リスクとも関係するため，従来からの「信用リスク管理機能」との連携を整理する必要もある。

5.1.2 自己資本割付けの問題(Euler 分配)

貸出ポートフォリオの UL(Unexpected Loss)のように, ポートフォリオ全体として算定されるリスク指標を, 部分ポートフォリオや個別貸出に割り付けることが必要になることがある。第 2 章の「2.3.2 収益性確保のための十分条件」,「2.3.3 収益性改善のための施策」でみたように, 貸出ポートフォリオ全体の UL をカバーする<u>配布自己資本を個別貸出に割り付ける</u>ような場合である。UL(したがって, それをカバーする配布自己資本)を個別貸出に割り付ける際によく使用される方法が「**Euler 分配(Euler Distribution)**」であった。しかし, それは貸出ポートフォリオに限らず, リスク管理で登場する次のようなすべての局面に一般化することができる。

【Euler 分配(Euler Distribution)】

ポートフォリオ全体が何らかの成分 $(X_1, \cdots, X_N)$ で構成されていて, 全体のリスク量を算定する関数 $R(\tilde{L}_{Total}) = R(X_1, \cdots, X_N)$ は,

1) 変数 $X_i (i = 1, \cdots, N)$ について 1 次偏微分が存在して,

2) 1 次同次である, すなわち,

$$R(t \cdot X_1, \cdots t \cdot X_N) = t \cdot R(X_1, \cdots, X_N) \quad \text{for } \forall t > 0 \tag{17}$$

ならば, 以下の等式が成り立つ。

$$R(\tilde{L}_{Total}) = R(X_1, \cdots, X_N) = \sum_{i=1}^{N} X_i \cdot \frac{\partial R}{\partial X_i} \tag{18}$$

(注) リスク計量として使用される VaR(Value at Risk)や ES(Expected Shortfall), 期待値(Expectation), 標準偏差(Standard Deviation)は 1), 2)を満たす。

(注) したがって, 貸出ポートフォリオの場合に, 各貸出 (X_i) に割り付ける自己資本を $X_i \cdot \frac{\partial R}{\partial X_i}$ とすれば, 全体のリスク量(UL)と一致する。

(注) Euler 分配は, RARoC で収益性評価を行う場合に, 部分構造と全体構造が整合する唯一の方法であることが示される。

ここであらためて第 2 章でも提示した次の課題に取り組んでみて欲しい。

> （演習4）　Euler 分配に述べられている内容を証明せよ。
>
> （演習5）　Tasche, D.[1999]"Risk Contribution and Performance Measurement",
> Working Paper を読んで，Euler 分配が，RARoC で収益性評価を行う
> 場合に部分構造と全体構造が整合する唯一の方法であることを確認せ
> よ。

5.1.3　リスク合算の方法

　本書では，銀行全体の取引を内部資金システムによって業務部門に割付けを
行い，それぞれの業務部門が発生させる損益プロセスについて制御を行うよう
な組立てをした。

　しかし，各業務部門の損益プロセスをモデル化する場合に，本来は考察すべ
きリスク因子(たとえば信用リスクや金利リスク，為替リスク，オペレーショ
ナルリスクなど)の相互の関係について考慮することなく，各リスク因子の変
動を個別にモデル化した。

　期間損益の計算や収益性確保の条件の設定については，その処理に加法性が
あるために問題とはならないが((19)，(20)式)，各業務部門で算定したリスク
量を合算する場合((21)式)には問題が発生する。リスク因子相互の関係を考慮
しなければならないという問題である。

$$\tilde{P}_{Total}[0,1] = \tilde{P}_{Loan}[0,1] + \tilde{P}_{Trade}[0,1] + \tilde{P}_{ALM}[0,1] \tag{19}$$

$$E\left[\tilde{P}_{Total}[0,1]\right] = E\left[\tilde{P}_{Loan}[0,1]\right] + E\left[\tilde{P}_{Trade}[0,1] + E\left[\tilde{P}_{ALM}[0,1]\right]\right] \tag{20}$$

$$\Phi_\alpha\left[-\tilde{P}_{Total}[0,1]\right] \neq \Phi_\alpha\left[-\tilde{P}_{Loan}[0,1]\right] + \Phi_\alpha\left[-\tilde{P}_{Trade}[0,1] + \Phi_\alpha\left[-\tilde{P}_{ALM}[0,1]\right]\right] \tag{21}$$

　業務部門別に算定したリスク量($\Phi_\alpha\left[-\tilde{P}_u[0,1]\right]$)を，事後的に合算する方法は
「トップ・ダウンアプローチ」と呼ばれ，次のような方法がある(分類は，

Bellini, T.[2017]"Stress Testing and Risk Integration in Banks", Academic Press による）。

(1)　基礎的合算（Basic Integration）

(2)　トップレベル合算（Top-Level Integration）

(3)　ベースレベル合算（Base-Level Integration）

(1)　基礎的合算としては，次のような方法が行われている。

　　＜単純合算＞

　　個別に計算したリスク量（$R_u = \Phi_\alpha\left(-\tilde{P}_u[0,1]\right)$）を単純に合計する方法。バーゼル規制の必要自己資本の計算では，この方法が使われている。

$$R_{Total} = R_{Credit} + R_{Market} + R_{Operation} \tag{22}$$

　　＜分散共分散法＞

　　個別に計算したリスク因子を含む期間損益が「多変量正規分布」をすると仮定して，その線形結合の分散（標準偏差）によって全体のリスクを表示する方法。

$$R_{Total} = \sqrt{\sum_{r,s} \rho_{r,s} \cdot R_r \cdot R_s} \tag{23}$$

　　但し，R_r, R_s：部門 r, s のリスク量（VaR など）

　　　　　　　$\rho_{r,s}$：部門 r のリスク因子と部門 s のリスク因子の相関係数

　　＜コピュラ合算＞

　　個別に計算したリスク因子を含む期間損益が一定の周辺分布（正規分布を含む）をすると仮定し，その相互関係をコピュラ（copula）によって表現して同時分布を構成して全体のリスク量（R_{Total}）を計算する方法。

【参考】　McNeil, A. J., Frey, R. and Embrechts, P.[2005]より引用

(1)　リスクを表す確率変数ベクトルの同時分布は，次の 2 つの情報を持つ。

　　・各成分変数の周辺分布の情報

　　・それらの相互関係の情報

　コピュラはそれぞれを分離して記述するもので，線形相関だけでは表示できない分布の外側付近での構造を記述することができる。

　それによってリスク合算の際のボトムアップが容易になる。

(2)　コピュラ(copula)は次のように定義される。

　　＜定義＞　d 次元 copula とは，標準一様分布を周辺分布とする確率変数 $u \in [0,1]^d$ の分布関数

$$C(u) = C(u_1, \cdots, u_d) \in [0,1] \tag{24}$$

　　で，以下の性質を有するものをいう。

　　①　$C(u_1, \cdots, u_d)$ は各 $u_i(i = 1, \cdots, d)$ について単調増加

　　②　任意の $i = 1, \cdots, d$ について $C(1, \cdots, 1, u_i, 1 \cdots, 1) = u_i$

　　③　$a_i \ll b_i$ のすべての $(a_1, \cdots, a_d), (b_1, \cdots, b_d) \in [0,1]^d$ について，

$$\sum_{i_1=1}^{2} \cdots \sum_{i_d=1}^{2} (-1)^{i_1 + \cdots + i_d} C(u_{1,i_1}, \cdots, u_{d,i_d}) \geq 0$$

　　但し，$u_{j,1} = a_j$ および $u_{j,2} = b_j$　$(\forall j \in \{1, \cdots, d\})$となる。

(3)　次の＜ Sklar の定理＞は，copula の汎用性を期待させる。

　　＜定理＞

　　1)　$F(x_1, \cdots, x_d)$ を周辺分布 $F_1(x_1), \cdots, F_d(x_d)$ を持つ同時分布とするならば，copula $C: [0,1]^d \to [0,1]$で，

$$\forall(x_1, \cdots, x_d) \in \bar{R}^d, \qquad \bar{R} = [-\infty, \infty]$$
$$F(x_1, \cdots, x_d) = C(F_1(x_1), \cdots, F_d(x_d)) \tag{25}$$

　　となるものが存在して次の性質を持つ。

　　　　・周辺分布が連続ならば，C は唯一に決定される。

　　　　・連続でなければ，$Ran(F_i) = F_i(\bar{R})$ とすると，

$Ran(F_1) \times \cdots \times Ran(F_d)$ で唯一に決定される。

2) 逆に，C が copula で $F_1(x_1), \cdots, F_d(x_d)$ が単一変数の分布関数ならば，

$$F(x_1, \cdots, x_d) = C\big(F_1(x_1), \cdots, F_d(x_d)\big)$$

は周辺分布 $F_1(x_1), \cdots, F_d(x_d)$ の同時分布である。

(演習6)　適当なテキストによって「コピュラ(copula)」について内容を調査し，リスクカテゴリー(信用リスク／市場リスク／オペレーショナルリスク)毎に計算した金融リスクを合算する方法を整理せよ。

最近の出版物では下記のようなものがある。

Durante, F. and Sempi, C."Principles of Copula Theory"[2016]，CRC Press

McNeil, A. J., Frey, R. and Embrechts, P.[2005]"Quantitative Risk Management", Princeton University Press

---

(2)　トップレベル合算

下記の条件付き確率計算の乗法法則を利用してリスク合算を行う方法。

$$Prob(CL, ML, OL) = Prob(CL) \cdot Prob(OL|CL) \cdot Prob(ML|CL, OL) \quad (26)$$

具体的には，次のような手順で計算する(以下は，Bellini, T.[2017]に拠る)。

① 信用損失(CL)とオペレーショナル損失(OL)を引き起こす確率変数を，copula を使って相互関係を制御しながら，標準正規乱数の組 (Y_g, Z_g) として発生させる$(g = 1, \cdots, G)$。

② 信用損失額の計算

信用損失額の貸出残高$(\sum_{i=1}^{n} A_i)$に対する比率の分布は，

$$\mu_{CL} = \sum_{i=1}^{n} A_i \cdot PD_i \cdot LGD_i \quad (27)$$

$$\sigma_{CL} = \text{デフォルト相関を用いて然るべく計算} \quad (28)$$

のベータ分布(B)であるとして，乱数(Y_g)で次のように計算する。

$$CL_g = (\sum_{i=1}^{n} A_i) \cdot B^{-1}\big(\Phi(Y_g)\big) \quad (29)$$

③　オペレーショナル損失額の計算

　　過去のオペレーショナル損失の発生実績から α_0, α_1 を定めて，乱数 Z_g によるオペレーショナル損失額を以下のように計算する。

$$OL_g = e^{\alpha_0 + \alpha_1 \cdot Z_g} \tag{30}$$

④　市場損失額の計算

　　金融商品 k の市場価格は幾何 Brown 運動をして，トレンド項とランダム項は信用損失額 (CL) によって以下のように定まるとして，過去データから各パラメータ $(\beta_{0,k}, \beta_{1,k})$ $(\gamma_{0,k}, \gamma_{1,k})$ を推定する。

$$\mu_{k,g} = \beta_{0,k} + \beta_{1,k} \cdot CL_g \tag{31}$$

$$\sigma_{k,g} = \gamma_{0,k} + \gamma_{1,k} \cdot CL_g \tag{32}$$

市場損失額を引き起こす確率変数を X_g とすると，

$$P_{k,g} = P_k \cdot e^{\mu_{k,g} + \sigma_{k,g} \cdot X_g} \tag{33}$$

⑤　リスク合算

　　乱数 (X_g, Y_g, Z_g) によるモンテカルロシミュレーションを行って，

$$CL_g + OL_g + M_g \tag{34}$$

の VaR や ES を求める。

(3)　ベースレベル合算

　　トップレベル合算は，各リスクを合計するための一つのアイデアではあるが，欠点は各リスクの根源となる経済要因について何も言及していないことである。

　　ベースレベル合算は，そのような経済要因を明示して，合算するものである。方法はトップレベル合算に類似している。次のような手順で計算する。

①　リスクの根源となる経済要因 $(F_1, \cdots, F_K)$ を特定して，信用損失 $CL(F_1, \cdots, F_K)$，市場損失 $ML(F_1, \cdots, F_K)$，オペレーショナル損 $OL(F_1, \cdots, F_K)$ の決定メカニズムをモデル化し，モンテカルロシミュレーションの環境を実装する。

②　そのメカニズムに従ってそれぞれのリスク量を計算する。

$$\left.\begin{array}{l} \Phi_\alpha\bigl(CL(F_1,\cdots,F_K)\bigr) \\ \Phi_\alpha\bigl(ML(F_1,\cdots,F_K)\bigr) \\ \Phi_\alpha\bigl(OL(F_1,\cdots,F_K)\bigr) \end{array}\right\} \tag{35}$$

③ 経済要因 $(F_1,\cdots,F_K)$ を変動させて，統合リスク量を次のようにして計算する。

$$\Phi_\alpha\bigl(CL(F_1,\cdots,F_K) + ML(F_1,\cdots,F_K) + OL(F_1,\cdots,F_K)\bigr) \tag{36}$$

これら比較的簡単で実装しやすい「トップ・ダウンアプローチ」に対して，業務部門(あるいはリスクカテゴリー)毎のリスク量を，損益計算の枠組みの下で基礎から積み上げて合算する「ボトム・アップアプローチ」が近年では脚光を浴びている。特に 2008 年の金融危機以降のストレス・テストの高度化への要請の中で，損益計算プロセスに沿ったストレス・シミュレーションが行われるようになった。

銀行が債務超過に陥る可能性をチェックするのに，

$$Loss = -\Delta A + \Delta L - Income + Tax + Credit\ Loss \ll E \tag{37}$$

を直接的に計算して確認するような方法が「ボトム・アップアプローチ」である。

具体的な手順は以下のとおりである。

(1) マクロ経済シナリオシミュレーション基盤の構築

銀行の資産・負債価値や損益などに影響するマクロ経済指標を特定し，

$$x = \bigl(x_1,\cdots,x_p\bigr) \tag{38}$$

相互の依存関係を保ちながらそれらを変動させる乱数 $(z_g)\,(g = 1,\cdots,G)$ 発生の仕組みと，それによってマクロ経済指標 $x(z_g) = \bigl(x_1(z_g),\cdots,x_p(z_g)\bigr)$ を算出する仕組みを構成する。以降，乱数 (z_g) に基づく計数を (z_g) を付して表示する。

(2) 金利の期間構造の算定

マクロ経済指標 $x(z_g)$ に基づいて h 期の金利の期間構造 $R_h(z_g)$ を構成する。短期金利 $r_h^{ST}(z_g)$ と長期金利 $r_h^{LT}(z_g)$ などである。金利の期間構造がマクロ経済指標によってどのように決まるかをモデル化する。

$$R_h(z_g) = \left(r_h^{ST}(z_g), r_h^{LT}(z_g) \right) \tag{39}$$

(3) 信用リスクパラメータの算定

マクロ経済指標 $x(z_g)$ に基づいて，PD，LGD，EAD を計算する。上記と同様に，これらの計数とマクロ経済指標との関係をモデル化する必要がある。

$$PD_h(z_g), \quad LGD_h(z_g), \quad EAD_h(z_g) \tag{40}$$

(4) 貸倒損失額の計算

(3)で算定した $PD_h(z_g)$, $LGD_h(z_g)$, $EAD_h(z_g)$ に基づいて，貸倒損失額 $(CL_h(z_g))$ を計算する。

$$CL_h(z_g) = CL\left(PD_h(z_g), LGD_h(z_g), EAD_h(z_g) \right) \tag{41}$$

(5) 期間損益 $(I_h(z_g))$ の計算

マクロ経済指標 $x(z_g)$ に基づいて下記の期間損益を計算する。期間損益を構成する各項目が，マクロ経済指標によってどのように変化するかをモデル化する必要がある。

$$I_h(z_g) = NII_h(z_g) + NIR_h(z_g) - NIE_h(z_g) \tag{42}$$

但し，NII（Net Interest Income）：利鞘額

NIR（Non-Interest Revenue）：非金利収入

NIE（Non-Interest Expense）：非金利支出

(6) 資産・負債の評価損益の計算

マクロ経済指標 $(x(z_g))$ や金利の期間構造 $(R_h(z_g))$ に基づいて，資産・負債の評価損益 $(\Delta A_h(z_g), \Delta L_h(z_g))$ を計算する。

$$\Delta A_h(z_g) = PV_h\left(A(z_g)\right) - PV(A) \qquad (43)$$

$$\Delta L_h(z_g) = PV_h\left(L(z_g)\right) - PV(L) \qquad (44)$$

(7) 損失額合計の計算

　以上の項目を合計して各シナリオ(z_g)毎の発生損失額$(Loss_h(z_g))$を計算し，それによってリスク指標(VaR など)を算定する。

$$Loss_h(z_g) = -\Delta A_h(z_g) + \Delta L_g(z_g)$$

$$-NII_h(z_g) - NIR_h(z_g) + NIE_h(z_g) + Tax_h(z_g)$$

$$+CL_h(z_g) \qquad (45)$$

　以上の手順を図式化すると【図 5】のようになる(Bellini, T.[2017]掲載の図の一部を修正して使用している)。

　このボトム・アップアプローチの枠組みは，定常状態でのリスク合算では一定の条件を満たす乱数を多数発生させてモンテカルロシミュレーションを行う形で使用するが，ストレス・テストでは「ストレス・シナリオ」と呼ぶ特定のマクロ指標値や金利の期間構造，信用リスクパラメータによって損失予想額を算定する枠組みとなる。

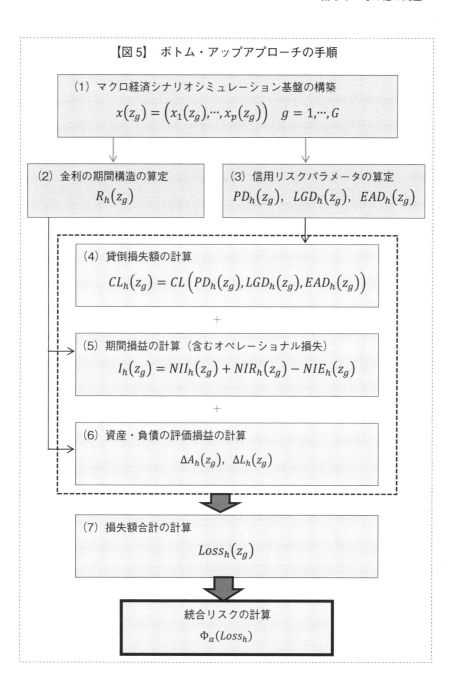

【図 5】　ボトム・アップアプローチの手順

(1) マクロ経済シナリオシミュレーション基盤の構築
$$x(z_g) = \left(x_1(z_g), \cdots, x_p(z_g)\right) \quad g = 1, \cdots, G$$

(2) 金利の期間構造の算定
$$R_h(z_g)$$

(3) 信用リスクパラメータの算定
$$PD_h(z_g), \ LGD_h(z_g), \ EAD_h(z_g)$$

(4) 貸倒損失額の計算
$$CL_h(z_g) = CL\left(PD_h(z_g), LGD_h(z_g), EAD_h(z_g)\right)$$

$+$

(5) 期間損益の計算（含むオペレーショナル損失）
$$I_h(z_g) = NII_h(z_g) + NIR_h(z_g) - NIE_h(z_g)$$

$+$

(6) 資産・負債の評価損益の計算
$$\Delta A_h(z_g), \ \Delta L_h(z_g)$$

(7) 損失額合計の計算
$$Loss_h(z_g)$$

統合リスクの計算
$$\Phi_\alpha(Loss_h)$$

5.2 Coherent なリスク指標

　本書では，金融リスクを計量するための指標として期間損益分布の α ％点 (VaR_{α}) を採用して管理体制を構成した。しかし，VaR_{α} は「リスク計量の指標が満たすべき条件を満たしていない」と言われる。その意味について考えてみよう。

　そもそもリスク計量の指標が満たすべき条件とは何であろうか。

　Bernstein, P. の "Against the Gods"（日本語訳『リスク――神々への反逆』（日経ビジネス人文庫））の中に，「かつて投資リスクとは数値の問題ではなく，投資家のガッツの問題であった。」という記述がある。かつてはリスクについて合理的な分析はなされなかったのである。

　やがて Markowitz, H. M. が "Portfolio Selection"[1952]で，リスクを「投資収益率の期待値の周りの分散（標準偏差）」として数理的に解析した。

　その後 1990 年代になって，当時の米国投資銀行バンカーズトラストが，トレーディング取引のリスクを VaR で計量することを提唱し，さらにその VaR がバーゼル委員会で取り上げられて，バーゼル規制への市場リスク導入の基本的な手法となった（1996 年）。

　その結果，実務界では VaR で金融リスクを計量することが定着していった。

　ところが学界において，P. Artzner ほかは，"Coherent Measures of Risk"（[1999]，Mathematical Finance)の中で，リスク計量の指標が満たすべき条件を次のように示した。

【Coherent なリスク指標の条件】

　あるポートフォリオから得られる期間損益 ($\tilde{P}(0,1)$) に対して，損失額を，
$$\tilde{L} = -\tilde{P}(0,1)$$
と置くとき，リスク指標 ($R(\tilde{L})$) とは「この損失額を処理するのに要する最低

資本額を示す」ことを意味するとすれば, 以下の 4 条件を満たすことが必要である。

(1) 平行移動に不変　　　　　　$R(\tilde{L} + l) = R(\tilde{L}) + l$

(2) 準加法性　　　　　　　　$R(\tilde{L}_1 + \tilde{L}_2) \leq R(\tilde{L}_1) + R(\tilde{L}_2)$

(3) 正数に対する 1 次同次性　$R(t \cdot \tilde{L}) = t \cdot R(\tilde{L})$

(4) 単調性　　　　　　　　　$\tilde{L}_1 \leq \tilde{L}_2 (\text{almost surely}) \Rightarrow R(\tilde{L}_1) \leq R(\tilde{L}_2)$

その中で, 金融リスク管理の実務として定着しつつあった「VaR(Value at Risk)＝損失分布の％点」によるリスク計量は, (2)の条件を満たさない場合があって Coherent でないこと, 下記の「ES(Expected Shortfall)」は Coherent であることを指摘した。

$$ES_\alpha(\tilde{L}) = E\left[\tilde{L}|L \geq VaR_\alpha[\tilde{L}]\right] = \frac{1}{1-\alpha} \cdot \int_{VaR_\alpha}^{\infty} L \cdot f(L) \cdot dL \tag{46}$$

(演習 7)　VaR は上記(1), (3), (4)は満たすが, (2)を満たさないことを示せ。McNeil, A. J., Frey, R. and Embrechts, P.[2005]"Quantitative Risk Management", Princeton University Press に具体的な事例が示されている。

(演習 8)　ES(Expected Shortfall)は, Coherent なリスク指標であることを示せ。

5.3　ゼロ(マイナス)金利について

2008 年金融危機による世界的な景気後退に対して, 日本を含む先進諸国は超金融緩和によって景気を下支えする政策を実施してきた。その結果, 市場金利が低下してゼロ金利やマイナス金利が現出することになった。

それまでの実務で使用されてきた数理モデルでは, 金利は常に正値であるように作成されていたが, 金融危機以降はその制約を外すことが金融リスク管理

の大きな課題の一つとなった。

　実務では「Shifted Model」と総称される「モデルの金利($r(t)$)を形式的に一定幅シフトさせる($r(t)+d$)」ような方法で対応しているが，そのような技術上の対応だけでなく，銀行の収益性低下への対応や，「そもそもゼロ（マイナス）金利とは何を意味するのか」といった金融・経済の根本問題についても考える必要があろう。

　以下では，消費に対する効用をベースにした金融商品評価モデルに沿って，ゼロ（マイナス）金利の意味について考えてみよう。この節の内容は，Gollier, C."The Economics of Risk and Time", MIT Press[2001]に拠っている。

(1)　1財2期間モデルの設定で，代表的経済主体が効用最適化行動をすると仮定すると，金利(ρ_t)に関する以下のような関係式が得られる（金利はグロス表示：$\rho_t = 1 + r_t$）。

$$\rho_t = \frac{u'(z_t)}{\beta \cdot E[u'(z_t \cdot (1 + \widetilde{g}_{t+1}))]} \tag{47}$$

　　　但し，z_t：GDP

　　　　　$\widetilde{g}_{t+1}$：成長率

　　　　　β：消費抑制への耐久性（$0 < \beta < 1$）

　　　　　$u(\bullet)$：消費に対する効用関数

(2)　以下のような特殊な状況では，次のような結果が得られる。

　　A. 成長が無い（$\widetilde{g}_{t+1} = 0$）場合は，金利はプラス（$\rho_t > 1$）となる。

$$\rho_t = \frac{u'(z_t)}{\beta \cdot E[u'(z_t \cdot (1 + \widetilde{g}_{t+1}))]} = \frac{u'(z_t)}{\beta \cdot u'(z_t)} = \frac{1}{\beta} \tag{48}$$

　　　一般に，将来の消費よりも現在の消費による効用が高い（（$\beta < 1$）→$\rho_t > 1$）。

　　　但し，財が豊富でいつでも必要品が入手できて当面不自由がない場合には $\beta \approx 1$（$\rho_t \approx 1$：ゼロ金利に近い）となる。

B.　<u>成長率が確定値である場合</u>（$\widetilde{g}_{t+1} = g_{t+1}$）

$$\rho_t(z) = \frac{u'(z_t)}{\beta \cdot u'(z_t(1+g_{t+1}))} \tag{49}$$

効用関数の限界効用は低減（concave）し，$g_{t+1} > 0$ ならば，$\rho_t > \dfrac{1}{\beta}$。

実際，成長率が確定値（確率変数でない）の場合には，次のようになる。

$$g_{t+1} > 0 \Leftrightarrow \rho_t > \frac{1}{\beta} \qquad g_{t+1} = 0 \Leftrightarrow \rho_t = \frac{1}{\beta} \qquad g_{t+1} < 0 \Leftrightarrow \rho_t < \frac{1}{\beta}$$

成長率が小さい場合には，Taylor 展開によって次式が得られる。

$$\rho_t(z) \approx \frac{1}{\beta} + g_{t+1} \cdot R(z) \qquad R(z) = -z \cdot \frac{u''(z)}{u'(z)} : \text{相対的変動回避係数}$$

C.　<u>成長率が不確実な場合</u>（$\widetilde{g}_{t+1}$：確率変数）

不確実な成長率と同等な確実成長率を $\hat{g}_{t+1}$ と置く（確実性等価）。

$$E\left[u'\left(z \cdot \left(1 + \widetilde{g}_{t+1}\right)\right)\right] = u'\left(z \cdot \left(1 + \hat{g}_{t+1}\right)\right) \tag{50}$$

これは，次のように近似されることがわかっている（Kimball[1990]）。

$$\hat{g}_{t+1}(z) \cong E\left[\widetilde{g}_{t+1}\right] - \frac{1}{2} \cdot \sigma_{\widetilde{g}_{t+1}}^2 \cdot \frac{-z \cdot u'''(z)}{u''(z)} \tag{51}$$

したがって，これらの式を合わせると次式が得られる。

$$
\begin{aligned}
\rho_t &= \frac{u'(z_t)}{\beta \cdot E\left[u'\left(z_t \cdot \left(1 + \widetilde{g}_{t+1}\right)\right)\right]} = \frac{u'(z_t)}{\beta \cdot u'\left(z_t \cdot \left(1 + \hat{g}_{t+1}\right)\right)} \\
&\approx \frac{1}{\beta} + \hat{g}_{t+1} \cdot R(z_t) \approx \frac{1}{\beta} + \left(E\left[\widetilde{g}_{t+1}\right] - \frac{1}{2} \cdot \sigma_{\widetilde{g}_{t+1}}^2 \cdot \frac{-z \cdot u'''(z)}{u''(z)}\right) \cdot \frac{-z \cdot u''(z)}{u'(z)} \\
&\approx \frac{1}{\beta} + E\left[\widetilde{g}_{t+1}\right] \cdot \frac{-z \cdot u''(z)}{u'(z)} - \frac{1}{2} \cdot V\left[\widetilde{g}_{t+1}\right] \cdot \frac{z^2 \cdot u'''(z)}{u'(z)} \tag{52}
\end{aligned}
$$

すなわち，金利は次の３つの成分からなることがわかる。

① $\dfrac{1}{\beta}$：消費抑制に対する時間割引効果

② $E\left[\widetilde{g}_{t+1}\right] \cdot \dfrac{-z \cdot u''(z)}{u'(z)}$：経済成長率の期待による効果

③ $-\dfrac{1}{2} \cdot V\left[\widetilde{g}_{t+1}\right] \cdot \dfrac{z^2 \cdot u'''(z)}{u'(z)}$：成長の不確実性による効果

将来の収入が不確実ならば，経済主体は将来への備えとして投資を控え，結果として金利が減少するのである（③）。

(3) しかし，このような極めて単純な設定による金利モデルの結果がどの程度に現実に適合するのだろうか。このモデルを認めたとすると，これらの結果のインプリケーションは何だろうか。

逆に，人為的に金利水準をゼロ（あるいはマイナス）に誘導した場合の，実際の経済活動や経済主体の心理に対する影響はどのようになるのだろうか。この節の問題設定の逆問題であるが，現在の経済局面においてはそれを考えてみる必要があろう。

5.4 手数料部門の管理／オペレーショナルリスク管理

手数料部門の管理のためのモデル構成と，オペレーショナルリスク管理のためのモデル構成は類似している。

まず，手数料部門の管理から見ていこう。

5.4.1 手数料部門の管理

かつては銀行の主要な収益源であった預貸利鞘（貸出金利－預金金利）は，年を追って縮小傾向にあり，それを補うものとして手数料収入が期待されている。

手数料収入は ATM 手数料や送金手数料などのように小口・多件数のものや，証券手数料や M&A 手数料などのように大口・少件数のものなど多岐に亘るが，その損益プロセスはいずれも次のように記述することができる。

(1)　手数料部門の損益プロセスの前提（次のように置く）

・時間軸　$0 \le t \le 1$

・取引金額　$(\tilde{X}_k)$　共通の分布関数 F から発生し，
$$E[\tilde{X}_k] = \mu,\ V[\tilde{X}_k] = \sigma^2$$

・発生時点　$T_1 \le T_2 \le \cdots\cdots$

発生間隔　$\tilde{Y}_k = T_k - T_{k-1}$ は iid で $E[\tilde{Y}_k] = \frac{1}{\theta}$

・期間 $[0,t]$ の発生件数　$\tilde{N}(t) = sup\{n \ge 1; T_n < t\}$

・独立性の仮定　$(\tilde{X}_k)$, $(\tilde{Y}_k)$ は相互に独立

・マージン比率　m

・手数料部門の固定費　C_{Fee}

(2)　そのとき，

・発生件数プロセス（$\tilde{N}(t)$）はポワッソン過程（Poison Process）となり，

・手数料部門の時点 $t \in [0,1]$ までの期間損益（$\tilde{P}_{Fee}[0,t]$）は，累積実施金額を，
$$\tilde{X}(t) = \sum_{k=1}^{\tilde{N}(t)} \tilde{X}_k \tag{53}$$
とすると，次のように表される。
$$\tilde{P}_{Fee}[0,t] = m \cdot \tilde{X}(t) - C_{Fee} \cdot t \tag{54}$$

・また，$X(t)$ の分布関数（$G_t(x) = Prob\{X(t) < x\}$）は次のように表される。
$$G_t(x) = \sum_{n=0}^{\infty} e^{-\theta \cdot t} \frac{(\theta \cdot t)^n}{n!} F^{n^*}(x) \tag{55}$$
$F^{n^*}(x)$：F の n 回の畳み込み(注)を表すとする。

(3)　その結果，手数料部門の損益プロセス（$d\tilde{W}_{Fee}(t)$）は次のようになる。

$$d\widetilde{W}_{Fee}(t) = d\tilde{P}_{Fee}(t) = m \cdot d\tilde{X}(t) - C_{Fee} \cdot dt$$

$$= m \cdot \left(\tilde{X}(t + dt) - \tilde{X}(t) \right) - C_{Fee} \cdot dt$$

$$= m \cdot \left(\sum_{k=\tilde{N}(t)}^{\tilde{N}(t+dt)} \tilde{X}_k \right) - C_{Fee} \cdot dt \tag{56}$$

取引金額 $\left(\tilde{X}_k\right)$ や発生頻度 $\left(\tilde{Y}_k\right)$ の分布，マージン比率 (m)，固定費 (C_{Fee}) が異なる手数料業務ごとに上記のようなモデル化を行い，それらを合算して「手数料部門」として管理を行うことになる。

手数料部門の損益プロセスについて，収益性確保のための条件を考えてみよう。

$$E\left[\tilde{P}_{Fee}[0,1] \right] \geq \rho_{Fee} \cdot W_{Fee}(0) \tag{57}$$

となるための条件である。

$$E\left[\tilde{P}_{Fee}[0,1] \right] = m \cdot E[\tilde{X}(1)] - C_{Fee} = m \cdot \mu \cdot \theta - C_{Fee} \tag{58}$$

であるから，求める条件は以下のようになる。

$$m \cdot \mu \cdot \theta \geq C_{Fee} + \rho_{Fee} \cdot W_{Fee}(0) \tag{59}$$

すなわち，マージン率×案件の平均金額×年間平均件数が，手数料部門経費＋手数料部門資本コストを上回るように業務設計をすることである。

(注)　2つの関数の畳み込み：2つの関数 $f(x)$ と $g(x)$ から，以下のようにして新しい関数 $h(x)$ を作る操作を「畳み込み」(convolution)といい，$h(x) = f(x) * g(x)$ と表記する。

$$h(x) = \int_{-\infty}^{\infty} f(t) \cdot g(x - t) \cdot dt$$

和が一定のものを掛けて足し合わせるような場合に現れる操作である。
　(例)　確率変数 X と Y の確率分布が判っているときに，確率変数 $Z = X + Y$ の分布関数は次のように畳み込みで表すことができる。

$$F_Z(x) = \int_{-\infty}^{\infty} dt \cdot P\{X < t, \ and \ Y < x - t\} = \int_{-\infty}^{\infty} F_X(t) \cdot F_Y(x - t) \cdot dt$$

（演習 9）　$E[\tilde{X}(1)] = \mu \cdot \theta$ であることを証明せよ。

次に，リスク制約のための条件を考えてみよう。

$$\phi_\alpha^2 \cdot V\left[\tilde{P}_{Fee}[0,1]\right] \leq W_{Fee}^2(0) \tag{60}$$

となるための条件である。

$$V\left[\tilde{P}_{Fee}[0,1]\right] = m^2 \cdot V[\tilde{X}(1)] \tag{61}$$

$$V[\tilde{X}(1)] = V_N\left[E_X[\tilde{X}(1)|N=n]\right] + E_N\left[V_X[\tilde{X}(1)|N=n]\right] \tag{62}$$

であり，$\tilde{X}(1)|(N=n) = X_1 + \cdots + X_n$ であるから，

$$E_X[\tilde{X}(1)|N=n] = n \cdot \mu \quad , \quad V_X[\tilde{X}(1)|N=n] = n \cdot \sigma^2 \tag{63}$$

したがって，

$$V[\tilde{X}(1)] = V_N[N \cdot \mu] + E_N[N \cdot \sigma^2]$$
$$= \theta \cdot \mu^2 + \theta \cdot \sigma^2 = \theta \cdot (\mu^2 + \sigma^2) \tag{64}$$

（演習 10）　この式を証明せよ。

以上から，手数料部門のリスク制約のための条件が次のように得られる。

$$\phi_\alpha^2 \cdot m^2 \cdot \theta \cdot (\mu^2 + \sigma^2) \leq W_{Fee}^2(0) \tag{65}$$

この制約式は，一定条件の手数料部門業務を行うにあたって必要となる配布自己資本の量（$W_{Fee}(0)$）を与える式となっている。

5.4.2　オペレーショナルリスク管理

オペレーショナルリスクとは，「金融機関の業務の過程，役職員の活動，もしくはシステムが不適切であること，または外生的な事象によって損失を被るリスク（金融検査マニュアル（金融庁），ガイドライン（バーゼル委員会））」のことを指し，1990 年代後半から 2000 年代初めのバーゼル II が検討される過程で，

日本の銀行でも意識されるようになった（【図6】参照）。

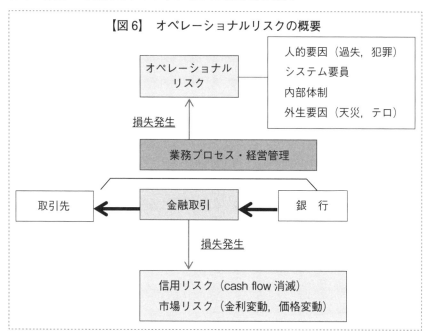

【図6】 オペレーショナルリスクの概要

第4章までで検討してきた信用リスクや金利変動リスクやその他の市場変動リスクが，金融取引そのものから発生する損失の可能性を対象とするのに対して，オペレーショナルリスクは「金融取引を実施する業務プロセスや経営管理に関連して発生する損失の可能性」として特徴づけることができる。

オペレーショナルリスクの事例には，たとえば次のようなものがあり多岐に亘る。

・現金事故，現金・預金等の横領

・口座相違，為替誤送金

・不正融資

・金融商品販売のコンプライアンス違反

・マネーロンダリング，インサイダー取引

・システム障害

・情報漏洩，ハッカー被害

・不正会計処理，脱税

・自然災害による被害，テロによる被害

・過労死，ハラスメント，風評被害　など

このようなオペレーショナルリスクの顕現化による損失の発生は，次のようにモデル化して計量する。前節で示した手数料部門の損益プロセスのモデル化と類似している。

(1)　オペレーショナルリスク計量の前提

・時間軸　$0 \leq t \leq 1$

・損失金額　$(\tilde{L}_k)$：共通の分布関数 F から発生し，$E[L_k] = \mu$, $V[L_k] = \sigma^2$

・発生時点　$T_1 \leq T_2 \leq \cdots$

　　　発生間隔　$Y_k = T_k - T_{k-1}$ は iid で $E[Y_k] = \dfrac{1}{\theta}$

・期間 $[0, t]$ の発生件数　$M(t) = sup\{m \geq 1 ; T_m < t\}$

・独立性の仮定　$(\tilde{L}_k)$, $(\tilde{Y}_k)$ は相互に独立

(2)　そのとき，

・発生件数プロセス $(M(t))$ はポワッソン過程（Poison Process）となり，

・オペレーショナル損失の時点 $t \in [0,1]$ までの累積損失額は，

$$L(t) = \sum_{k=1}^{M(t)} L_k \tag{66}$$

と表され，

・また，$L(t)$ の分布関数 $(G_t(x) = Prob\{L(t) < x\})$ は次のように表される。

$$G_t(x) = \sum_{n=0}^{\infty} e^{-\theta \cdot t} \frac{(\theta \cdot t)^n}{n!} F^{n^*}(x) \tag{67}$$

$F^{n^*}(x)$：F の n 回の畳み込みを表すとする。

オペレーショナルリスク計量のポイントは，1 件当たりで発生する損失額 $(\tilde{L}_k)$ の分布のモデル化（分布関数 F）と，発生間隔 $(Y_k = T_k - T_{k-1})$ の分布のモデル化（発生頻度 θ）である。前者には正値を分布範囲とする対数正規分布やWeibull 分布，Pareto 分布などが使われる。後者には Poisson 分布が使われる

ことが多い。

　オペレーショナルリスク計量も，手数料部門のリスク管理と同様に，損失額 $(\tilde{L}_k)$ の分布関数 (F)，発生間隔 $(\tilde{Y}_k)$ の分布が類似する発生事由ごとに上記のようなモデル化を行い，それらを合算して「オペレーショナルリスク」として管理を行うことになる。

　オペレーショナルリスクは，その損失額分布の状況と発生頻度（発生間隔）の違いから【図7】のように分類することができる。

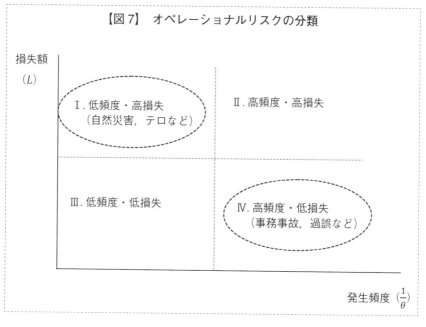

【図7】　オペレーショナルリスクの分類

　リスク管理上で問題となるのは，「Ⅰ.低頻度・高損失のリスク」と「Ⅳ.高頻度・低損失のリスク」である。

　「Ⅱ.高頻度・高損失のリスク」が多発するようでは，そもそも銀行経営自体が成り立たず，そのような銀行は早々に業務を止めた方がよい。また，「Ⅲ.低頻度・低損失のリスク」は経営上に大きな影響は与えないと思われる。

　「Ⅰ.低頻度・高損失のリスク」

自然災害やテロ，システム障害などがこれに当たる。意図的に防止することができないものが多いが，できるものについては発生防止に努めるとともに，発生した場合には損失額を小さく抑えるようなアクションプランの事前策定が重要である。

このカテゴリーは「ストレス・シナリオ」として検討されるべき内容であろう。保険では，地震保険や海上保険などに対応する。

「Ⅳ．高頻度・低損失のリスク」

事務事故や過誤などによって発生する損失で，発生頻度を低くする工夫を行うとともに，取引に不便が生じない範囲で1件当たり取扱金額を下げるなどの対策が考えられる。

保険では，生命保険や自動車保険などに対応する。

5.5　S.Ross の「リカバリー定理」とリスク管理

金融実務においては，金融商品評価では主に数理ファイナンスの基本定理の「Q（マルチンゲール測度／リスク中立測度）」を使用し，金融リスク管理では「P（現実測度）」を使用することが多いが，会計期間中の実現損益のリスク管理（Pによる）と期末評価損益のリスク管理（Qによる）を同時に考えなければならないような場合には，それらの両方を使用することになって，その相互関係が問題になる。

現実測度（P）からマルチンゲール測度（Q）を構成する方法は「ギルサノフ－丸山の定理」によって次のように示される（Epps, T. M.[2009]など）。

【ギルサノフ－丸山の定理（Girsanov-Maruyama Theorem）】

$W(t)(0 \leq t \leq T)$を確率分布 dP による Wiener 過程とする。

原資産プロセス $dS(t)=u(t)dt+\sigma(t)dW(t)$ に対して，

$$x(t) = \frac{u(t) - r \cdot S(t)}{\sigma(t)} \text{ とし,}$$

$$\xi(t) = e^{\int_0^t x(s)dW(s) - \frac{1}{2}\int_0^t x(s)^2 ds} \qquad t \in [0, T] \qquad (68)$$

とすると，$\xi(t)$ は Novikov 条件の下でマルチンゲールとなる。

$\xi(t)$ を Radon-Nikodym 微分として測度 P から測度 Q に変換すれば，

$$dQ(t)/dP(t) = \xi(t) \qquad (69)$$

$\widetilde{W}(t) = W(t) - \int_0^t x(s)ds$ は，確率分布 dQ による Wiener 過程となり，この $\widetilde{W}(t)$ によって，規格化した原資産価格プロセス $e^{-rt}S(t)$，および規格化したデリバティブ価格プロセス $e^{-rt}F(S(t), t)$ はマルチンゲールとなる。

$$d(e^{-rt}S(t)) = e^{-rt}\sigma(t)d\widetilde{W}(t) \qquad (70)$$

$$d(e^{-rt}F(S(t), t)) = e^{-rt}\sigma(t)F_S d\widetilde{W}(t) \qquad (71)$$

このような数学的な測度変換の議論に対して，現実測度(P)とリスク中立測度(Q)の関係について金融論的な意味付けを行ったのが，S. Ross の「リカバリー定理(Recovery Theorem)」(2011)である。

Ross, S.[2011]"The recovery theorem", working paper

Carr, P. and Yu, J.[2012]"Risk, return, and Ross recovery", The Journal of Derivatives, 20, 38-59

【リカバリー定理(Recovery Theorem)】

金融市場の不確実性は有限の状態空間 $\Pi = \{i = 1, \cdots, M\}$ で表示されるとし，現在が状態 i にあるという条件の下で将来時点の状態 j に対応する Arrow-Debreu 証券の価格を $p_{i,j}$ として行列 $P = (p_{i,j})$ で表す。

（注）　$p_{i,j}$ からリスク中立確率行列 Q を定めることができる。

現在の状態 i から将来時点の状態 j への遷移確率を $f_{i,j}$ として $F=\left(f_{i,j}\right)$ とする。

（注）　これが現実確率に相当する。

このとき，固有値問題

$$P \cdot x = \lambda \cdot x \tag{72}$$

の Perron-Frobenius 根 λ と Perron vector x によって，

$$F = \frac{1}{\lambda} D \cdot P \cdot D^{-1} \qquad : P\,(\text{したがって}\,Q)\,\text{と}\,F\,\text{の関係式} \tag{73}$$

と表すことができる。但し，$x={}^{t}\left(1/h(1),\cdots,1/h(M)\right)$ に対して，

$$D = diag\left(h(1),\cdots,h(M)\right) \tag{74}$$

また，Carr and Yu[2012] は，連続モデルの設定において，S. Ross と同様の「リカバリー定理」を導いた。 その導出に当たっては，常微分方程式についての「Sturm-Liouville の定理」が使用された。

これらのリカバリー定理は，実務においてリスク中立測度(Q)と現実測度(P)を同時に扱う場合の有用なツールとなり得ると考えられる。今後に向けて，その意味するところの実務的な解釈と実装化のための具体的な検討が必要となる。

（演習 11）　S. Ross の論文を読んでリカバリー定理の内容をまとめよ。

リカバリー定理の意味することは何かを考えてみよう。

S. Ross のリカバリー定理を実務に使うとすれば，どのような場面か，また，そのためには何を実装しなければならないかを検討せよ。

【章末問題】

(1) CVA デスクの機能について整理せよ。

　　信用リスク管理機能と CVA デスクはどのように役割を分担し，かつ情報を統合すればよいか。

(p.153 参照)

(2) 本書では，業務部門別に損益プロセスを定義して金融リスク管理をする仕組みを構成した。「5.1.3　リスク合算の方法」の内容を踏まえて，あらためて「統合管理」のためにリスク量を合算する方法について考察せよ。

(p.155 参照)

(3) 「5.3　ゼロ（マイナス）金利」の意味することについて考察せよ。

(p.165 参照)

(4) オペレーショナルリスクは，「各部門に分割された経費，

$$C_{Total} = C_{Loan} + C_{ALM} + C_{Trade} + C_{Fee}$$

が業務遂行上や経営環境上のトラブルによって増加する可能性」と考えることができる。そのような経費の増加の可能性としては，

　　A. 定常的な増加（バーゼル規制のオペレーショナルリスク）

　　B. ストレス状況による増加（ストレス・テストの対象）

があるが，本書の業務部門別リスク管理の構成では，経費は各業務部門に配布して，期間中にコンスタントに発生するものとしてモデル化した（例：貸出部門）。

$$d\widetilde{W}_{Loan}(s) = \sum_{i=1}^{n} X_i(s) \cdot \pi_i \cdot ds - C_{Loan} \cdot ds - \sum_{i=1}^{n} X_i(s) \cdot (1 - \theta_i) \cdot d\widetilde{H}_i(s)$$

したがって，A. 定常的な増加のオペレーショナルリスクに対しては，各部門から発生するそのような経費増加の可能性に対して，別途配布資本（$W_{op}(0)$）を用意して，それに備える必要がある。

$$W_{Total}(0) = W_{Loan}(0) + W_{ALM}(0) + W_{Trade}(0) + W_{Fee}(0) + W_{Op}(0) + W_{Buffer}(0)$$

また，ストレス状況における経費増加（自然災害やテロ等）に対しては，$W_{Buffer}(0)$ も含めて損失処理の耐久力をチェックする必要がある。

　このようなオペレーショナルリスクも含めた「リスク管理体制」について，
本書の構成を再整理せよ。

（p.172 参照）

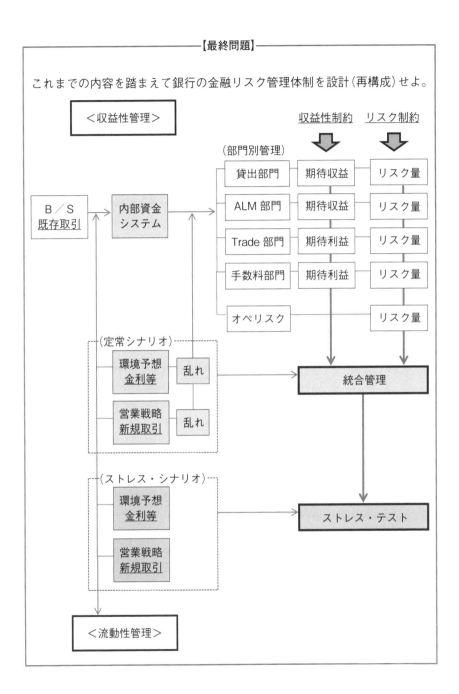

【最終問題】

これまでの内容を踏まえて銀行の金融リスク管理体制を設計(再構成)せよ。

<収益性管理>

<流動性管理>

終わりに

　本書では，銀行業務を体系的に管理するために，内部資金システムを用いて銀行の複雑な損益プロセスを「貸出部門」，「ALM 部門」，「トレーディング部門」，「手数料部門」などの考察しやすい業務部門ごとの損益プロセスに分解し，それぞれに対して資本を配布し，「収益性を確保するための制約」と「損失を抑制するための制約」を課して，銀行全体で統一的に管理する方法を示した。

　しかし，本書では以下のような内容についての十分な記述ができていない。

(1)　ストレス状況における管理

　　各部門の不確実性(リスク)は，一定のパラメータによって記述される確率分布に従うという前提で構成しているため，本書で議論した内容は，いわば「定常状態におけるリスク管理」である。それに対して，2008 年の金融危機に代表されるような「ストレス状況におけるリスク管理」については定常状態とは違った理論構成や管理手法が必要になる。

(2)　損益プロセスのためのモデル推計

　　本書で述べた収益・リスク管理の仕組みを実現する場合には，業務部門ごとの損益プロセスを具体的に推計しなければならない。

　　損益プロセスの記述に登場する金融リスクモデルのパラメータ(たとえば信用リスク管理における企業価値モデルや，市場リスク管理における市場変動モデル)を具体的にどのようなデータを使ってどのように推計するかは重要な問題である。

(3)　高速計算手法

VaR 計算や信用リスク計算などでは一般的に使用される「モンテカルロシミュレーション」によると，計算に長時間を要することが多い。しかし，それでは様々な前提条件によるリスク分析や部分ポートフォリオに分けたリスク分析などを行うことはできない。そこで VaR や信用リスク量を短時間で近似計算するような手法が開発されている。

(4) マクロ経済モデルと金融工学の融合／金融システムの分析

金融工学では，株価や金利，為替レートなどの経済計数を別々にモデル化して理論を組み立てることが多いが，金融リスク管理ではそれらの相互関係が重要になる。特に 2008 年の金融危機以降，ストレス状況における金融・経済の連動が注目されるようになった。

また，各銀行がそれぞれにリスク管理体制を整備しても，システミック・リスクなどの金融システム全体が抱えるリスクは回避できないことが指摘されて，そのような金融システムレベルのリスク分析が課題になっている。

これらのテーマについては，別途の機会があればあらためて概説することにしたい。

なお，本書の原稿を作成中に「Office」のバージョンが無断で自動更新されて，作成に用いていた「Word」の数式エディタが使用できなくなるという事態が発生した。已む無く別の数式エディタを用いて残りの原稿を作成することになったが，そのために本書の数式には 2 つの異なる様式・フォントが混在して，見苦しくなっている。ご了承願いたい。

（記：2018 年 6 月 10 日）

【引用文献／参考文献】

Ammann, M. [1999] "Pricing Derivative Credit Risk", Springer

Bellini, T. [2017] "Stress Testing and Risk Integration in Banks", Academic Press

Bernstein, P. L. [1996] "Against The Gods : The Remarkable Theory of Risk", John Wiley & Sons, Inc. ("リスク－神々への反逆（上／下）", 日経ビジネス人文庫)

Bjork, T. [1998] "Arbitrage Theory in Continuous Time", Oxford University Press

Black, F. and Scholes, M. [1973] "The pricing options and corporate liabilities", Journal of Political Economics, 637-654

Bol, G. et al (Eds.) [2003] "Credit Risk : Management, Evaluation and Management", Physica-Verlag

Bolance, C., Guillen, M., Gustafsson, J. and Nielsen, J. P. [2012] "Quantitative Operational Risk Models", CRC Press, Taylor & Francis Group

Cambell, J. Y. et al [1997] "The Economics of Financial Markets", Princeton University Press

Carr, P. and Yu, J. [2012] "Risk, return, and Ross recovery", The Journal of Derivatives, 20, 38-59

Chen, J. M. [2016] "Postmodern Portfolio Theory", Palgrave Macmillan

Cochrane, J. H. [2001] "Asset Pricing", Princeton University Press

Crane, D. B., Merton, R. C., Froot, K. A., Bodie, A., Mason, S. P., Sirri, E. R., Perold, A. F. and Tufano, P. [1995] "The Global Financial System", Harvard Business School Press University Press ("金融の本質" 野村総合研究所訳, 野村総合研究所)

Darolles, S. and Gourieroux, C. [2015] "Contagion Phenomena with Applications in Finance", ISTE Press Ltd

Denev, A. [2015] "Probabilistic Graphical Models", Risk Books

Dickson, D. C. M. [2005] "Insurance Risk and Ruin", Cambridge University Press

Diebold, F. X. et al [2010] "The Known, the Unknown and the Unknowable in Financial Risk Management", Princeton University Press

Diebold, F. X. and Yilmaz, K. [2015] "Financial and Macroeconomic Connectedness", Oxford University Press

Duffie, D. [1988] "Securities Markets, Stochastic Models", Academic Press

Duffie, D. [1992] "Dynamic Asset Pricing Theory", Princeton University Press

Durante, F. and Sempi, C. [2016] "Principles of Copula Theory", CRC Press

Embrechts, P. , Kluppelberg, C. and Mikosch, T. [1997] "Modelling Extremal Events", Springer

Epps, T. M. [2009] "Quantitative Finance", John Wiley & Sons, Inc.

Firoozye, N. and Ariff, F. [2016] "Managing Uncertainty, Mitigating Risk", Palgrave Macmillan

Franco, P. [2015] "Understanding Bitcoin", John Wiley & Sons Ltd.

Glau, K., Grbac, Z., Schere M. and Zagst. R. Z. (Eds.) [2016] "Innovations in Derivatives Markets", Springer

Gollier, C. [2001] "The Economics of Risk and Time", MIT Press

Grbac, Z. and Runggaldier W. J. [2015] "Interest Rate Modeling: Post-Crisis Challenges and Approaches", Springer

Gundlach M. and Lehrbass, F. (Eds.) [2004] "CreditRisk+ in the Banking Industry", Springer

Harrison, J. M. [1985] "Brownian Motion and Stochastic Flow System", John Wiley & Sons, Inc.

Harrison, J. M. and Kreps, D. M. [1979] "Martingales and Arbitrage in Multiperiod Securities Markets", Journal of Economic Theory 20 (3), 381-408

Harrison, J. M. and Pliska, S. R. [1981] "Martingales and Stochastic Integrals in the Theory of Continuous Trading", Stochastic Processes and their Applications 11, 215-260

Hibbeln, M. [2010] "Risk Management in Credit Portfolios ˙ Concentration Risk and Basel Ⅱ ", Physica-Verlag

Hollow, M., Akinbami, F. and Michie, R.（Ed.）［2016］"Complexity and Crisis in the Financial System", Edward Elgar Publishing Limited

Igarashi, F.［2016］"欧米における FinTech への対応と日本への示唆", 証券アナリストジャーナル 第54巻第6号, 29-38

Ikemori, T.［2013］"金融リスク制御", 一橋大学大学院講義資料

Ikemori, T.［2015］"金融イノベーションの歴史と理論", 一橋大学学部講義資料

Ingersoll, Jr. J. F.［1987］"Theory of Financial Decision Making", Rowman & Littlefield Publishers

Karatzas, I.［1991］"Lectures on the Mathematics of Finance", American Mathematical Society

Kato, T. and Yamanaka, S.［2014］"システミックリスクに纏わる数理モデルについて", 日本応用数理学会論文誌, Vol. 24, No.4, 397-443

Kotani, S. and Matano, H.［1998］, "微分方程式と固有関数展開", 岩波講座現代数学の基礎14, 岩波書店

Kuhn, J.［2006］"Optimal Risk-Return Trade-Offs of Commercial Banks：and the Suitability of Profitability Measures for Loan Portfolios", Springer

Lintner, J.［1965］, "The Valuation of Risky Assets and the Selection of Risky Investment in Stock Portfolios and Capital Budgets", Review of Economics and Statistics 47, 13-37

Lo, A. W. and MacKinlay, A. C.［1999］"A Non-Random Walk Down Wall Street", Princeton University Press

Lu, D.［2016］"The XVA of Financial Derivatives: CVA, DVA and FVA Explained", Palgrave Macmillan

Lutkebohmert, E.［2009］"Concentration Risk in Credit Portfolios", Springer

Malkiel, B. G.［2015］"A Random Walk Down Wall Street", W. W. Norton & Company（"ウォール街のランダム・ウォーカー"井出正介訳, 日本経済新聞出版社）

Mantegna, R. N. and Stanley, H. E.［2000］"An Introduction to Econophysics", Cambridge University Press

Markowitz, H. M.［1952］"Portfolio Selection", Journal of Finance 7, 77-91

McNeil, A. J., Frey, R. and Embrechts, P. [2005] "Quantitative Risk Management", Princeton University Press

Miyauchi, A. [2015] "金融危機とバーゼル規制の経済学", 勁草書房

Nishida, S. [1995] "ALM 手法の新展開", 日本経済新聞社

Ogaki, H. [1997] "ストラクチャード・ファイナンス入門", 日本経済新聞社

Olsson, O. [2012] "Essentials of Advanced Macroeconomic Theory", Routlegge

Ozdemir, B. and Miu, P. [2012] "Adapting to Basel III and the Financial Crisis", Risk Books

Purica, I. [2015] "Nonlinear Dynamics of Financial Crises", Academic Press

Rebonato, R. and Denev, A. [2013] "Portfolio Management under Stress", Cambridge University Press

Rebonato, R., McKay, K. and White, R. [2009] "The SABR/Libor Market Model", John Wiley & Sons Ltd.

Ross, S. [2011] "The recovery theorem", working paper

Sharpe, W. F. [1964], "A Theory of Market Equilibrium under Conditions of Risk", The Journal of Finance , Vol. 19, 425-42

Skiadas, C. [2009] "Asset Pricing Theory", Princeton University Press

Tache, D. [1999] "Risk Contribution and Performance Measurement", Working Paper

Takano, Y. and Hashiba, J. [2008] "A Novel Methodology for Credit Portfolio Analysis: Numerical Approximation Approach", Mizuho-DL Financial Technology

Takayasu, H. (Ed.) [2002] "Empirical Science of Financial Fluctuations", Springer

Taleb, N. N. [2010] "The Black Swan", Penguin Books ("ブラック・スワン"上下, 望月衛訳, ダイヤモンド社)

Tsui, H. M. [2013] "Ross Recovery Theorem and its extension", University of Oxford

Ueda, K. [2016] "マイナス金利政策の採用とその功罪", 証券アナリストジャーナル第 54 巻第 10 号, 5-16

Wattenhofer, R. [2016] "The Science of the Blockchain", Inverted Forest

　Publishing

Wong, W. K.［2014］"Technical Analysis and Financial Asset Forecasting",
　World Scientific

Yoshifuji, S.［2005］"金融工学とリスクマネジメント", 金融財政事情研究会

Zopounidis, C.（Ed.）［2002］"New Trends in Banking Management", Physica-
　Verlag

索　引

《著者紹介》

池森　俊文（いけもり　としふみ）

1977 年 3 月	東京大学理学部数学科　卒業
1977 年 4 月	(株)日本興業銀行　入社
1998 年 4 月	興銀フィナンシャルテクノロジー(株)取締役
1999 年 6 月	(株)日本興業銀行統合リスク管理部副部長
2000 年 9 月	(株)みずほホールディングス統合リスク管理部参事役
2002 年 4 月	みずほ第一フィナンシャルテクノロジー(株)取締役
2007 年 1 月	みずほ第一フィナンシャルテクノロジー(株)代表取締役社長
2007 年 4 月	兼職：東京大学経済学部非常勤講師
2011 年 10 月	兼職：一橋大学大学院商学研究科客員教授
2013 年 4 月	一橋大学大学院商学研究科特任教授(2018 年 3 月まで)
2018 年 4 月	ロボット投信(株)顧問（2020 年 3 月まで）
2018 年 8 月	統計数理研究所統計思考院特命教授
2019 年 9 月	東京大学大学院経済学研究科非常勤講師
2020 年11月	東京大学医学部附属病院届出研究員

〈主要著作・論文〉
・金利リスクの統合管理について　「金融研究」第 15 巻第 4 号　1996 年　pp.61-100
・信用リスク管理を巡って　「ファイナンシャルレビュー」第 51 号　1999 年　pp.28-51
・金融技術の高度化　「入門金融」有斐閣　2003 年　第 5 章　pp.197-227
・銀行業の ERM　「アクチュアリージャーナル」第 59 号　2006 年　pp.41-75
・金融産業振興の切り札─金融工学人材を育てる「週刊金融財政事情」　2009 年 11 月 10 日号　pp.43-45

《東京大学大学院・経済学研究科講義資料》
【新版】銀行経営のための数理的枠組み──金融リスクの制御

2018 年 7 月 30 日　初版発行
2021 年 7 月 1 日　新版発行

著　者　池森　俊文 ©

発行者　野々内邦夫

発行所　株式会社プログレス　〒 160-0022　東京都新宿区新宿 1-12-12
電話 03(3341)6573　FAX03(3341)6937
http://www.progres-net.co.jp　E-mail: info@progres-net.co.jp

＊落丁本・乱丁本はお取り替えいたします。　　　　　モリモト印刷株式会社

ISBN978-4-910288-14-7　C3034